說文化，談宗教

人類學的觀點

李亦園

airiti press

目次

推薦序

《說文化，談宗教》是我的老師李亦園院士在一九九九年國科會舉辦的「高中生人文社會科學營」的講稿增潤而成的一本「小而美」的讀物。因為當時的聽眾是高中的學生，所以李先生花了心血，把人類學最主要的概念——文化，和文化人類學家經常研究的一種文化制度——宗教，用生動活潑的文筆，以學員們生活背景貼近的例子闡明得淋漓盡致！這是一本由已經融會貫通的大師以平易近人的方式來介紹文化人類學的一本寶貴的讀物。

我不懂詩詞，但是我知道白居易在中國古典文學的崇高地位。很多人都知道白居易的詩最可愛、最可貴之處在於它的淺易近人，在於它的普及性。重新閱讀李老師的這本「小書」，使我深深體會到大師的風範。大師的作品不一定要高不可攀，大師的作品應當是能把艱澀的概念用一般人都能很容易讀懂的文字，生動而有趣的表達出來。雖然這樣的作品，在寫作上有它一定的難度，但是這種困難是可以克服的。一個肯放下身段，寫普及性的作品來「說文化，談宗教」的大師，除了對主題要有深入的理解之外，還要有一份愛心，一份對他的專業的愛心，一份對初學者諄諄教誨的愛心！

我認為李老師這本「小書」就是上面形容的一本大師之著，所以我願意鄭重推薦它，希望有更多年輕的朋友們能讀到這本好書。

前俄亥俄州大學人類學系系主任

陳中民

〈出版緣起〉

我們在努力地彌補當年的遺憾

我的孩子在五、六年前曾有機會參與國科會生物處為高中生辦的「生命科學研習營」，接觸生命科學領域的前緣知識。這樣的機會確實增加他對生命科學的了解，無形中吸引他日後進入有趣的科學領域。五、六年前孩子曾對參與的研習營有些抱怨，指出「老師掛名、助理上課」、「主題拉雜、視野片段」等缺失。這讓我開始思考「如何辦好高中生研習營」這問題。一九九九年擔任國科會人文處長這段時間，終於有機會提出推動台灣第一個「人文社會科學營」的構想。這構想不但獲得國科會首長的鼓勵，也得到國內大多數人文社會科學教授學者支持。這些教授學者都有一個共同體認：人文社會學門的知識其實比生命、自然科學更需要及早奠基；必須讓學生有廣泛深刻的經驗體會，才能孕育厚實的人文學識基礎，將來也才可能在這樣的基礎上，開創大格局的學問。

著名的英國經濟學天才穆勒（John Stuart Mill），其學識淵博是經濟學界所公認。穆勒其實不只是經濟學者，更是政治、哲學的大思想家。他在非常年輕時就能寫出《自由之理》（*On Liberty*）這樣的經典大著，令學界震驚。我們不清楚為什麼穆勒能這麼年輕就有這麼深厚的功力，但是大家熟知的一些趣聞軼事，也許能提供若干線索。據說，穆勒的父親從小就常帶他四處散步，向他點點滴滴解釋街頭巷尾所觀察到的種種社會現象。大家也許都曾看到街頭小販攤位前等購排隊的長龍，但似乎只有穆勒的父親能告訴他：排隊長龍就表示小販商品的「需求大於供給」、「有漲價空間」、「會吸引其他小販前來競爭」；也能教導他「攤販與店面的差別在那裡」、「政府該不該管攤販」等理論思考。也許正是這種自幼可遇不可求的豐富環境，孕育了穆勒的寬廣知識基礎。

每當我想起穆勒的際遇，就有九分豔羨與一分嫉妒。有人覺得自己的音感很好，但小時候大家都窮，沒機會培養音樂素養。我們從小學到大學，每年都在讀國文、歷史、地理，但也許是考試壓力使然，沒有人真正引導我們進入文學、史學、哲學、政治、社會、經濟、考古、語言、心理、法律等領域；即使是「淺嘗即止」的微薄慾望也難以企及，遑論「體驗」人文世界的真善美。

那些過去是我們的遺憾。國科會人文社會科學營的開辦，則是我們對下一代所做的彌補。非常高興第一屆人文社會科學營圓滿完成。在時報出版公司大力支持下，我們將各位講員的主題內容加以擴充、加料、充實，成為一個個獨立單元，彙集成書。當初為人文社會科學營邀請講員時，就設定大概的規範：不希望營隊流於淺碟型介紹，也不希望每個主題變成片段專業知識的狹窄探討。我們的理想是期盼講員在寬廣的知識基礎上選擇一兩個方向，做稍微深入的解析，體會人文社會科學是如何「由面擇點、由點深入」。透過這樣的示例也許更能讓高中生略窺人文社會科學之堂奧，庶幾激發興趣、引導入門。

辦營隊很辛苦，找優秀講員很困難，要這些講員在百忙中將講稿擴充成幾萬字更是不易。現在，這些困難都已一一克服。這些年來，國科會與學界的教授學者確實是努力去「栽」，希望不久的將來，我們的社會能有所「收穫」。

中央研究院人文副院長　朱敬一

（編按：本文為二〇〇三年原書出版時之出版緣起）

〈處長序〉

啟迪青年思想，豐富文化資源

最近，我讀到一本沉佚已久的小書：梁啟超的《松陰文鈔》。吉田松陰是日本幕府末年的激烈思想家，他本人啟迪了許多倒幕的志士，而梁啟超在戊戌變法之後流亡日本時，深深仰慕吉田松陰的人格、思想，所以精讀了他的文集，並鈔取了其中的精粹成為《松陰文鈔》。梁啟超在這本小書的序中說：吉田三十二歲就被處死，他的一生沒有一件事業是成功的，學問也不能大過於同輩人。但是梁啟超接著說學問、事業都是枝業，「而有為事業學問之本原者，本原盛大則枝業不必出自我，而不啻出自我」，吉田雖然一生無一不失敗，但是他的一種精神，他指出的方向，影響卻更大。梁啟超的話很深刻，但有些地方我不盡然同意。松陰所處的是個動盪無比的時代，他培養了一代青年，這些青年成為倒幕健將，我們仔細觀察他與這批青年的互動，可以發現他雖然一再強調不以純讀書為滿足，但是對帶有教養意味的學問，仍然非常強調。

我認為，今天台灣正好缺乏一批帶有教養意味的書籍。在專家與通俗之間，在藝術歌曲與流行歌曲之間，是不是還有一些國民基本叢書？我想到的是英國的 Everyman's Library，是日本的岩波文庫，或以前商務的「人人文庫」或「現代民基本知識叢書」等。它們在不同國家、不同時代都發揮很大作用。

國科會人文處在朱敬一院士擔任處長時，創設了「高中生人文社會科學營」，從各地請來了一批傑出的人文社會學者對資優高中生進行深入淺出的講座，並決定將這些講座整理成小冊子出版，送給全國高中收藏，並開放市面流通。當朱院士提到這個構想時，我直覺認為這是一個國民基本素養叢書的雛相。最近高中營主任陳東升教授及時報出版公司策劃了「新視界文庫」，共計二十一本書。我覺得這是一個可喜的消息，願意在此點出它的宗旨及意義。「高中生人文社會科學營」現在已進入第三期，講座也早已超過百人，我有兩個期望：第一是高中營可以長長久久，成為培育一代人文社會科學人才的搖籃。第二，希望能邀請到更多學者加入這件出版工程，並儘量說服人文營中精彩的講者用謹嚴而通暢的文筆，將他們的演講整理出版，豐富我們的文化資源。

國科會人文及社會科學處處長　王汎森

作者序

本書是一系列叢書的一種，這一系列的書籍是源起於國家科學委員會人文社會科學組所舉辦的「高中生人文社會科學營」，當時我負責講課的題目即是〈文化與宗教〉。上課之前，我也準備了一份較簡單的講義供聽講者參考，而本書即是將該講義加以補充擴大而成，因此書名仍維持《說文化，談宗教》，只是加上一個副題：「人類學的觀點」，以便讀者更清楚全書論述的基本立場。

增加了「人類學的觀點」的副題，其實也是有原因的。因為演講的內容有若干部分是涉及人類本身及其文化的起源與演化問題，其範圍已超越了人文社會學科的領域，而進入了生物科學的領域範疇了，所以在這裡有必要對人類學先作一介紹，以為全書的導言。

人類學anthropology 一詞來自希臘文anthropos 與logos 兩字，anthropos 是「人」的意思，logos 則是大家所熟識的「學」或研究的意思；所以，簡單地說，人類學就是研究人的學問。人類學的研究是從整體的觀點來進行研究，因此研究的範圍包括「人」本身及其所創造的文化；換而言之，人類學的研究是同時從其生物性與文化性雙方面而出發的。

因為同時著重人類的生物性與文化性，人類學遂衍生而有四門主要的分支：體質人類學、考古學、文化人類學或民族學與語言人類學（見表一）。體質人類學研究的是人類的生物面，像人類演化的過程、靈長類動物（primate）的行為與適應、現代人類種族的差異等等，都是體質人類學家所關心的題目。考古學、文化人類學與語言人類學則是研究人類的文化現象。考古學著重於研究古代人類的文化與起源，文化人類學或民族學主要研究現代人類的文化現象，而語言人類學則專注於人類文化裡一個極獨特的層面——語言現象。

表一：人類學的各分支

人類學
- 體質人類學（physical anthropology）
- 考古學（archaeology）
- 文化人類或民族學（cultural anthropology or ethnology）
- 語言人類學（linguistic anthropology）

人類學的研究範圍既然涵蓋了這樣寬廣的領域，從人類的生物習性、演化歷程到古代文化的起源、現代人類的種種文化行為與語言現象等無一不包括在內，在學科的屬性與相關的研究方法上面，人類學這門知識因此也就橫跨了生物科學（biological science）、社會科學（social science）與人文學（humanities）三種不同的學科領域。首先，體質人類學家研究人類的生物性演化，時常必須借重生物學、生態學、解剖學、醫學以及遺傳學等學科的知識，因此，在這一方面，人類學的研究幾乎無異於生物科學的一支。在另一方面，文化人類學所探討的人類文化現象，諸如家庭、親族、婚姻、社群、政治、法律以至於經濟制度，在研究對象與概念方法的運用上，又毫無疑問地屬於現代社會科學的範圍。最後，人類學的研究有時也帶有相當的人文學傾向，特別是當研究處理的對象涉及價值體系、藝術創作、宗教信仰與世界觀等人文現象時，人類學家也會以個案或理解、默會的人文學方式去解讀這些文化現象的內在意義。

兼顧人類生物性與文化性的學問傾向，以及結合生物科學、社會科學與人文學的研究方式，使得人類學家在研究人的現象時，擁有更豐富的本錢去探討人類全體的處境。以下我們便是以這樣的觀點來討論文化與宗教的現象，同時也為了講述與學習的方便，內容也分為兩大部分，第一部分講文化，第二部分談宗教，最後並以一短篇綜述作為總結。此外全書因為是一種演講內容的呈現，同時也著重於專供中學生的閱讀，所以就不把參考書目及註解依照學術著作的形式一一列出，只是在每一講之後提供主要的進階閱讀參考書籍或論文，並以中文著作為限，以方便青年學生進一步研讀。

第一篇　說文化

一、前言

文化人類學研究領域中最基礎的觀念（key concept）就是「文化」，人類學家對文化觀念的開拓，使我們對人類的本質有很根本性的認識，但是我們平常看到或聽到「文化」這個字眼，大家雖然大致都懂，不過認真要問「文化」真正的內涵與定義是什麼，恐怕就不太容易答得出來。一般來說文化的定義是很混淆的，「文化」一詞是譯自英文中「culture」這個字，這個字也可用在生物學上，如人工種植或栽培、飼養動植物都可稱為culture，所以「culture」既可翻譯成「文化」，也可譯成「栽培」、「培養」。如說一個人有文化，也就是說一個人很有修養、很有人文的涵養。

但是平常也常聽到人家說「吃的文化」或是「穿的文化」，尤其在中國對「吃的文化」特別發達，花樣繁多，非常優異。還有更抽象點來說，又有所謂「政治文化」、「經濟文化」等等。另外「文建會」所談的文化，像美術、音樂、戲劇等所謂精緻文化，也是另一層的文化。

「文化」在不同的場合有不同的意義，是不容易一下就弄清楚的。一個受過專業教育而懂文化的人，若要他了解「文化」的真正內涵，就要費一點精神來解釋了。

二、文化的內涵

要談文化最好藉用一位西方哲學家的名言來做開始。英國哲學家羅素（Bertrand Russell）

曾說：人類自古以來有三個敵人，一、是「自然」（nature），我們要克服自然才能得到衣、食、住、行的必需品；二、是「他人」（other），我們要適應社會生活，就要和他人好好相處，也就是要約束自己的本能，不能任意而行，一定要有一種規範，社會群體才會和諧相處，所以他人的存在，對我們自己而言也是一種威脅；三、是「自我」（ego），我們自己內心的精神狀態、心理困境、內在感情，這是人類的第三個敵人，同時也是最重要的，如果一個人不能克服內心的困難，人也活不下去。現在我們可以延伸羅素這段話來說明「文化」。

人類為了要克服第一種敵人——自然，所以創造出一些東西來控制自然，這就是第一類文化——物質文化。所謂「物質文化」就是衣、食、住、行之所需。為了克服自然得到我們所需，人類初始就發明工具，後來逐漸從衣、食、住、行一直到現在的科技發明都是「物質文化」，如椅子、桌子、粉筆以至於電腦科技等都是物質文化的一部分，是用來克服自然這個敵人而產生的，我們稱它為「物質文化」或「科技文化」。

人類為了克服第二種敵人「他人」所以必須創造第二類文化——社群文化，用中國人的名詞來說就是「倫理文化」。人類為了要與他人相處，所以要有些規範，這也就是社群共同生活的原則，從一個小家庭的倫理，子女對父母親的態度，大到一個國家或是世界性的聯合國，都有一定的規章來約束與他人的關係，其中包括制度、典章、規則、規範、法律等等。我們都稱它為「社群文化」或「倫理文化」，前文提到的「政治文化」就是代表一個民族在處理政治制度的典章、規則或原理原則。第三類的文化則是為了克服第三種敵人「自我」而生。人類在生活當中總是面臨許多困境，因此心裡會有挫折感、不安全感。這些心理困境假如不予克服的話就會造成精神崩潰或心理變態，甚至於不能生存。人類心理的困境，對人類的存在是個很大的威脅，動物卻沒有這種心態，動物心中雖有恐懼感，但並不形成一個不安全的感覺。這種人類心理的感覺，是否能滿足？能否有安全感？能否平靜而不憂慮？這是人類所特有的。因此必須有第三種文化來彌補它，我們稱之為「精神文化」或「表達文化」。為什麼稱之謂「表達文化」呢？即是藉外在的東西來安慰內在的感情，包括文學、詩歌、音樂、藝術，以及更重要的宗教，都是第三類文化。宗教是人類創造出來的，也是一種文化，每一個人多多少少都需要它，有了它，我們才能生活下去，不然人類心中的負擔的累積將會導致崩潰，這就是我們所謂的「表達文化」。

歸納上文所述，我們可以把文化的內涵表列如下：

表二：文化的內涵（一）

文化
- （一）物質文化或科技文化：因克服自然並藉以獲得生存所產生，包括衣食住行所需之工具以至於現代科技。
- （二）社群文化或倫理文化：因營社會生活而產生，包括道德倫理、社會規範、典章制度律法等等。
- （三）精神文化或表達文化：因克服自我心中之困境而產生，包括藝術、音樂、文學、戲劇，以及宗教信仰等等。

三、文化的歧異

羅素說人類自古以來所有的種族都面臨前述三種敵人，因此自古以來每個民族都有這三類文化，但是每一民族對這三種文化的著重點卻不一樣，這就是今天我們所看到的文化差異最根本原因，也就是對這三類文化強調的意義不一樣。雖然每一個民族都有這三類文化，但因每一個民族的發展因素不同，所以其表現亦有所不同，而對每類文化的強調情形也不一樣，有些民族比較強調物質，其他的雖然也有，但都只是配合物質文化而存在。有些是強調精神，其他兩類則配合精神文化的存在。舉例來說，以美國為代表的西方社會，它是一個強調物質文化的民族，但是也不能說它沒有社群文化、精神文化；不過，它的重點是以克服自然為基調，這是它整個文化的重心或基調，所以它的發展過程都是從克服自然為出發，因而在工藝、技術方面有特別的發展。這就是西方文化較著重於征服、克服自然甚至於佔有它的文化基調之由來。這種強調的色彩在其他部分多少也可以看出來。譬如在社群文化方面，西方社會較強調競爭，競爭與克服自然是同一類的想法，這也是西方人與人之間關係的特點，表現出來的是個人主義的強調，以及個人平等競爭的原則。這些觀念都是從為了克服自然的基調所發展出來的，所以說文化的差異，每一個民族都是因其需要，而各有其基調的發展。

再以印度為例來說，印度民族是一個強調表達文化的民族，印度的宗教信仰是其整個文化的重心。印度社會是一個以種姓（caste），也就是世襲的階級為基礎的社會。最高的階級、最優秀的種姓是婆羅門，實際上就是教士，一個接著一個下來，每一個階級都有它特別的宗教意義，每一個階級都是一個神聖的存在，所以階級和階級之間是不能通婚的。照理說人和人之間都是一樣的，但是他們認為通婚會污蔑神聖，所以他們的倫理文化是配合他們的表達文化而存在的，這是印度文化的特色。印度的精神文化、宗教文化是它的社會重心，所以它的社會關係也配合宗教而存在。

我們中國人則是強調第二類文化的民族，我們是強調人與人之間關係的民族，也就是說我們是以「倫理文化」為重心的民族。我們以人際關係的和諧來做為立國精神的基礎，當然我們並不是沒有技術文化與表達文化，不過我們以倫理為文化基調。我們強調它，而且非常努力的來發展它，所以中國人是最講究人際關係的民族。我們強調人與人之間要和諧，強調和而不同，強調融洽，這一點也影響到我們對自然的態度，對表達文化的態度。由於我們著重人際關係的和諧，所以我們對自然的態度，不像西方人那樣要求克服或征服自然。我們對自然的態度也是同樣的要求和諧，不像西方人那樣趕盡殺絕或要全部佔領它，而是要從倫理為出發點，進而至於天人合一，人和自然界合而為一的境界。這是我們的文化精神，也是我們最高的處世原則。

四、社群或倫理文化的意義

既然我們自己的文化是以「倫理文化」為基調，所以下面我要更進一步與諸位詳細談「倫理文化」。在倫理文化的結構中，家是最主要的，我們就以「家」為目標來談。每一個民族都有「家」，但每個民族的「家」的組織形態都不一樣。現在選擇一種最為易懂的方法來說明「家」的成員關係。有些民族是以「父子」關係做為模型，有些民族是以「夫婦關係」或是以「母子關係」、「兄弟關係」來做為模型的。家庭的關係通常會以一組家庭成員關係來做為模型的。中國人的社會是以「父子關係」為社會的規範模型。西方人的社會是以「夫妻關係」為模型。印度社會則以「母子關係」為模型。非洲若干社會是以兄弟關係為模型。這種不同關係的模型，它們的內容與特性都不一樣。著名旅美華裔人類學家許烺光教授認為以「父子關係」為模型的社會有四個特點：一、是「延續性」，二、是「包容性」，三、是「權威性」，

四、是「非『性』性」。中國式的「父子關係」如與美國式的「夫妻關係」來比較就很有趣味：美國式的「夫妻關係」是不延續性，中國式的「父子關係」最重要的一點則是延續性。如血統、香火不斷的延續。所以美國式的「夫妻關係」只能維持一代就結束了，甚至不需一代，幾年甚至幾個月時間或許就會改變了。在我小時候所看的一本章回小說《七世夫妻》就是描述從「梁山伯」開始到《再生緣》一直延續下來做成七世的夫妻。這樣的小說在我們中國社會裡非常通俗，也就是說中國人是連夫妻關係也「父子化」了，美國人看中國的小說認為夫妻還可做七世，簡直是不可思議。這是因為他們的結構型態和我們不同，我們以「父子」為規範，連夫妻關係都用父子關係來形容它，才會有所謂的「七世夫妻」出現，在美國則是不可能，不可理解的。

第二特點是「包容性」，父子關係可包容所有的子女，而夫妻關係則是排他性的，不能容忍第三者的存在，不如父子關係可包容一家族人的都在內。第三特點是「權威性」，就是父親在上、長者為尊，人際關係是上、下的秩序為準，在西方社會夫妻關係則是屬平等的地位，兩者是相對的，所以夫妻的關係是講平等的、平行的。這種關係很像「兄弟的關係」，因為在以兄弟為規範的社會裡面：兄弟是同一輩份，所以彼此是平等的。我們中國人很懂得上、下的關係，比較不懂得平行的關係，因此我們政府的行政組織上下的關係非常暢通，但是機關與機關之間的協調則非常困難，原因即在此。第四是「非『性』性」，一個家庭中既然是父子關係籠罩在其他人倫關係之上，而成為一切關係的主軸或典範，因而對「性」的表現，特別是在夫妻之間，總是盡量避免或隱蔽，這也與西方社會盡量顯示「性」的特徵有天淵之別了。

以上所談只是個導論，以這導論為基礎，下面就可以談談比較實際的東西。首先以日本人與美國人為例來做比較，特別是在「管理行為」上，看看有什麼不同，而這些不同又如何與「家」發生關聯。以日本和中國來比較，「家」在字義上的差異很小，字型一樣，性格也很接近，只是讀音不同，因為兩國都是以「父子」為模範的社會，我們和日本都很注重延續性。可是兩者著重延續的內涵就不一樣，根據人類學家陳其南先生的研究，認為中國人的延續著重於「血緣」的延續，日本人則注重「家名」的延續及財產的延續。日本人家裡面不一定是同一血統的人才可以延續其「家名」，家中的管家、長工、佣人、書記等都是「家」的一部分，有需要的時候這些人也可以把家名延續下去。所以日本的公司、行號、有名的大企業，都是有一個響亮的名字如「三井」、「三菱」以及「三越」、「高島屋」等等，但是三井、三菱的家族，並不像國光吳火獅家族或洪建全家族一樣，他們只要是三井、三菱裡面的人，都可以延續這個名字，如總經理、襄理或其他職員，只要他努力工作也可承繼下去，所以他們是延續「家名」而不注重「血統」。因此日本人的大企業能夠百年不衰，在現代經濟發展的過程當中，是個很特別的現象。

日本人的公司講究「以廠為家」，個人一旦進入公司成為公司的一份子，只要努力就可以得到他所應該得到的，公司不只是老闆家族所獨佔的。所以日本人一進公司，就可能一輩子在那家公司做事，他們對公司都很忠心，因為在公司做久後，他可慢慢往上升，也可承續上去，這是日本在現代經營裡面最重要的一點。另外一點是「財產不分散」，也就是所謂的長子承繼，這和中國人是不同的，中國人是諸子平分，現在連女孩子都有份了。日本人是長子承繼一切，次子以下都沒有繼承權，在公司裡也只能以「夥計」的名義來參與。日本戰後有兩位有名首相，一位是岸信介，另一位佐藤榮作，他們是同胞兄弟，岸信介是老大；所以繼承岸家所有的財產，而佐藤原是岸家的老三，後來「入贅」到佐藤家去，變成了佐藤家的一份子，這就是日本人的繼承制度。但是這種繼承制度加上了「家名」的延續，就使他們在今天的國際貿易發展的競爭上佔了上風。他們重視「家名」的延續，以廠為家，著重公司的發展，多年不變，也不分產，一直延續延持下去，而成為「大貿易商」、「大企業家」。

中國人則要分產，因為這個「分」，而產生了「寧為雞頭，不為牛後」的觀念，自己稍具基礎，就要分產自立門戶，所以永遠不成氣候。像這些問題都是從「家」而來的，當然這是因為我們「倫理」觀念所形成的。這種以家為出發的倫理觀念如何在現代社會作合理適應，是可以詳加探討的問題。

另一方面，假如把美國人與我們做比較，特別在延續這個特性上，表現就有更大的差異。美國人是強調不延續性的，我們則是強調延續性的，因此我們在人與神的關係上也是強調延續的關係。我們相信的神靈，不都是人死後轉化而成的？西方社會則不是，他們的神與人之間是非常明白地區隔開來，人無論如何是不能轉化成神的，換而言之，人神之間是不延續的。

這種人神不延續的立場，表現在所謂「原罪」的觀念最為明顯，也就是《聖經》上所說的亞當夏娃的故事。基督宗教的《聖經》在〈創世記〉一開始就講亞當與夏娃在伊甸園裡如何受引誘而犯罪，因此作為他們子孫的所有人類也就成為生來就有罪的人。這種「原罪」的故事，一方面固然可當作是神話去看，但另一方面神話也可解讀其「迷思」的原在意涵。以現代文化學的觀點來看，「原罪」的神話其實只是要表達古代西方人對「人」本質是「不能完美」的理念，也就是說古代猶太人的宇宙觀中認定「人」是有缺陷的，所以是不能完美的；然而這種認定是主觀的，不易證明的，因此想出一套神話來肯定它，也就產生「原罪」的故事。既然人是不夠完美的，什麼是完美的呢？那就是上帝，上帝是人不能做到的理想中的完美，所以祂就不是「人」，因此上帝是「神」，人神之別就在此。這就是美國人的非延續的文化性。

再說西方人認為人是原罪的，因此是不能完美的，由於這一與生俱有的特性，所以他們向來相信人的存在是必須要約束規範的。人的道德倫理必須靠「神」的誓約來規定，這也就是《聖經》中「十誡」的由來。不但人與神之間要靠「聖誓」，人生活在社會中也要靠「法律」、人與人之間要靠「合同」、人與公司之間要靠「契約」，而國與國之間更要靠「條約」來維持合理的關係，這也就是西方人從古代一直到現在都是那麼重視各種法律與合同的基本原因所在。他們在內心裡認定這些規矩是非常必要的，假如沒有這些誓約與律法，人的不完善面就要作祟了。所以他們不但訂法律，更重要的是他們從心裡尊重法律，因此人人遵守法律，即使犯了罪也服從法律的判決，很少有討價還價或因人而異法的情況，這就是所謂的「法治的文化」。

從這樣的觀點來看我們自己的文化，其間不同之點就很明顯了。我們的宇宙觀中從來就沒有把「人」看作是生來就有罪的觀念（所以不會有亞當夏娃的神話），實際上我們的文化觀念一向是把人看作是可以完美的，也就是一種「原善」的觀念。人既然是可以完善完美的，所以就不需要假定有一個「非人」的完美之神作為追求的理想目標。事實上我們中國人自古以來所信仰的「神」都是「人」昇華而成的，這也就是強調其延續的特性。試看媽祖、關帝、祖師爺、開漳聖王、保生大帝、文昌帝君，各種王爺哪一位不是古代的人，而他們都是因為對人民社會有貢獻，曾經顯神跡拯救民眾而被尊奉為神。這就明白地表示「人」只要靠自己的努力，修持自己或為社會貢獻自己，就可超越人的境界而臻於相當完美的境界。因此我們中國人並不假定有一個完美至善的上帝存在以作為理想的目標，只描述聖人的形象與事蹟，作為一般人的典範。同時，在另一方面也因此而不強調什麼誓約、律法等外在形式的東西來約束人的行為，強調可以用內心修持的方法使人的行為循規蹈矩；著重於內在的修持，教人民學習聖人的典範，所以我們的文化一向以「內聖外王」來描繪和期望為政的人，這就是我們的社會屬於「人治社會」的根源。中國人不是不著重法律，而是因為認定人是可以自我完美的，所以認為要靠外在法律契約的力量來約束人，實在看低人的本質了。

這樣的論述，也許把文化意義延伸到很深的層次上去了，因此也已觸及宗教的範圍，那就留待下一篇再去探討吧。

五、文化的起源及其啟示

前面幾節著重於說明人類因為需要而創造文化，並說明因為三種不同的需要而創造三類文化的內涵，但是並未說明文化最先是怎樣創造出來的，換而言之，並未說明文化創造的歷程。下面我們將利用這個機會探討一下人類文化起源的情形，以及從文化起源的故事看看能給予我們什麼樣的啟示。

文化雖是人類創造出來的產物，但是也可以反過來說，有文化也是人類所以為人類的特徵。人之所以為人，就是因為他有文化，人類與別的高等動物之不同，最主要也是因為人類有文化。文化之出現，是介於人與動物之間的猿類這個共祖時代的末期開始分歧出來之時，而其間卻是由一種很巧妙的變化所形成的：大約在三百萬年以前（甚至更早），當人類的祖先剛剛要擺脫人猿共祖的時代，這個時期可以說是人類進化過程的關鍵時期，也是文化出現初胚之時。這一文化初現的舞台，根據現有的資料顯示，可能是在非洲大陸的東部。（現在最早的人類遺存是在東非發現的），而促成此一進化史上的重要活動，可能是因為氣候的變化，使東非一帶引起乾旱，所以大部分的林木都不存在了，而像猿類一樣的人類遠祖原來也是生活在樹上，卻因為樹林的消失而不得不從樹上走下來，生活於平地上。經過長久行走在陸地上後，他們就再也不能像先前一樣地以手攀枝或垂手拱背行走（這種行路的姿勢直到今日都還是猿類的特徵）而漸漸養成直立走路的習慣。這一直立的狀態，便是人與猿在生物性形體上最大的差別，所以一般均視之為導致人類與靈長類（猿類）的發展分道揚鑣的主因。直立的狀態，像一切生物性上的演變一樣，是偶然發生的，然而它卻與人類文化的進化有極大的關係。

從體質上說，直立的姿態，使得人上半身的重量必須轉由盆骨及雙腿來支撐，盆骨也因此而逐漸由橫狀變成直狀，且盆骨中間的盆骨孔也隨之變小，這樣一來，人類的嬰兒在母胎中發育一到五官俱全但軀體還孱弱時，就必須落地出生，否則體積一增大，便無法通過變小的盆骨孔降世。這一偶然的因素，造成人類的胎兒必須以較未成熟的軀體降世，這也是人類與其他動物最大的不同處。很多動物生下來不久就能自己走動，人卻要生下來八個月才能爬，一歲多時才會行走，而要完全成人，則要十來歲以後，這項差異對人類來說，是幸也是不幸：不幸的是必須經過長期的養育，人才能成熟、獨立（一般動物出生之後至多一年便能獨立覓食，人則可能到五、六歲以後才會自己找食物吃）；幸運的是正因為人必須在母體之外養育，人才因而能擁有足夠的時間跟上一代的人學習語言與文化，把複雜的文化傳遞下去，而下一代也才能學習吸收上一代的文化，如此代代相傳，文化才有進步發展成為現代科技如此昌盛的可能。

如果不是因為非洲氣候引起變化或是因乾旱偶然起了一場森林大火，人類就不可能下地而直立，結果也就會像其他動物一樣，出生不久就可以離開母體而獨立，因此就不能學習語言，也就吸收不了上一代的文化。當然，生物進化與文化進化的關係並不這麼簡單，它們原是層層相關的。由於以弱小的身軀出生，又必須留在母親身邊接受教育，人類便產生許多身體上的特異點。這一連串演變的過程，並不是在短時間內完成的，單單從垂手弓身行走變成直立行走，就不知經過幾十萬年的演化時間。演化的過程其實並不是外在狀態的轉變，而是內在遺傳因子頻率的變化，而後顯現於外在的形體上，然後才會使人有異於一般靈長類的形狀。人類的嬰兒有較長的養育教導期，長期的教養才會學習說話，而語言的形成卻又反過來幫助發展腦力。人類的頭腦並不是一開始就像現代人一樣複雜，根據北京人的化石研判，雖然其腦容量已接近現代人的腦容量，但從其留在腦殼上的紋路來看，他們的頭腦結構仍比我們簡單許多，也許他們的語言能力就遠不及我們現代人。

上述這一過程很關鍵，卻還不是文化出現的實質部分。當人類祖先離開樹上而下地行走時，除去在姿勢上逐漸直立外，另一重要的現象也伴隨出現，那就是雙手也同時從忙於攀抓樹枝的動作中「解放」出來。雙手的解放可以自由行動，是人類體質在生物性上另一個重要的功能改變。雙手可以自由地拿東西，包括握棍棒、拿石頭，以及進行削、敲、擊、打等動作，這些便是製造工具、利用工具的根本條件。確實也是如此，人類自下地之後，不但雙手解放可以做工具，而且也因為在地下比樹上更需要各種不同的工具以防禦及取得獵物，所以製造工具也就在此時開始。而工具的出現也正是人類創造文化的軔始，如我們在前面所說的，工具是人類所創造的文化——物質文化的典型代表物。

但是人類的製造工具，並不是一開始就可以製造出很精細的工具的，而是經過長久的演進逐步改良而成的，以最古老的舊石器為例，就遠不如新石器來得細緻而均衡。在這演進的過程中，手、腦與其他器官跟工具的進步，形成相互促進的狀況，這是非常重要的現象。人類的手從不攀樹而下地行走之後，並不是一下子就能如我們現在的手那樣自如的可以握住東西，其間是因為不斷地訓練自己製造工具、利用工具，然後手的抓握功能，才逐漸進化改進。然而手的功能逐步改進，也不是單獨進行的，因為人類器官的功能是有機性關聯的。手的功能演進，最主要是同時引起腦部結構的演進，手的功能愈精細，腦的結構也配合得愈複雜、愈均衡對稱。例如在石器工具的製造過程中，舊石器時代早期的石器不但打剝粗糙，而且形狀不均衡對稱，舊石器時代後期的石器就顯出不但打剝細緻，而且對稱線優美。到了新石器時代，石製工具更是磨得極精緻，與金屬工具很類似了。這一演化過程中，人類一方面逐步改進工具的製造，一方面又無形中影響了身體器官的結構，包括手腦等部分逐步改進，而手腦結構功能的改進，又進一步促進工具的精細改良；所以這三者之間，實際上是形成一種互為促進成長的相互辯證關係。英國著名的考古學家柴爾德（V. Gordon childe）有一本經典名著《人類創造自己》（*Man Makes Himself*），就是描述人類如何在成為直立的動物後，藉工具文化的創造而形成現代文明的過程。

從前述的這一過程中，我們可以很清楚地看出：人類文化的出現確是非常複雜的，但是當文化出現後卻又反過來影響人類身體本身。換言之，人類的身體與文化之間的確存在著一種相互影響、相互促進的辯證關係。人類靠語言傳達意見及藉雙手製造工具，又因為語言的不斷練習、手的不斷操作，促進腦部的精緻化，也就是腦力的不斷進化、智慧的不斷增進；而當腦力不斷增進時，也就促使語言更形複雜以及工具的製造更為精細，這就是柴爾德所說的「人類創造自己」的真諦。從這一辯證的過程我們似可以得到一項很重要的啟示，那就是當人類的手不再操作、不再勞動了，人類的腦力就不再增進了嗎？也就是說人類的智慧就不再發展了嗎？這對整個人類種族的長久永續發展來說，的確是一個非常嚴肅而應加思考的問題。

六、文化的累積與發展

上一節我們探討了文化的源始，下面要進一步闡述文化的累積與普遍化，這樣才能對文化的整體性有所了解。我們研究文化，不能從文化的中途開始，它必須追溯到人類文化最早的階段，從而沿著時間的軌跡一步步追溯下來，如此才能對文化的發展、文化行為的規則有一個整體性的了解，不致流於斷章取義。譬如歐美諸國經常自稱為文明的創造者，這種立場如從文化整體的發展來說卻未必是正確的。當然，今日的科技文明來自於歐美文明的說法應無可厚非，但是科技文明卻是人類文明後期的發展，從整體的歷史來看，如果沒有早期文明的發展，人類文化是無法演進到現有階段的；而對於文明早期的發展，認真而客觀地說，歐美文化卻是少有貢獻。

從文化整體的立場論，人類文明發展的關鍵不完全在於現今的科學發展，而在於發明植物的種植與動物的飼養，這也就是一向被稱為「產食革命」（Food Production Revolution）的階段。人類假如不懂得種植植物、飼養動物，文明便無從產生，人類可能永遠只停留在打獵採集的階段；亦即生活在一種原始的狀態下，完全依賴於自然，不能自己生產，因此也就沒有足夠的食物供給更多的人生活，只能維持人數極少的群體，而無法發展成較大而複雜的社會，也就無法形成各種複雜的分工現象，現代文明也就無從出現了。所以種植和飼養的發明是人類文明進展的關鍵，這關鍵與歐美文明實在並不相干。但產食革命的種種發明也不是哪一個民族單獨發展出來的，而是由世界上七個不同的地區分別發展出來的，如果沒有考古學家的研究，我們便無從了解這一人類文明發展關鍵真相。考古學家告訴我們上述所指的七個地區分別是今天的近東、中國北方、東南亞、東非、南美洲的祕魯、中美洲的墨西哥與美國的西南部。

大約公元前八千年左右，亦即距今約一萬年以前，在兩河流域的北邊，也就是靠近小亞細亞南邊的山坡上，有一些人開始發明用人工的方法培養大麥和小麥，開始養馬和山芋等動物成為家畜，原因是在小亞細亞南邊有野生的大麥和小麥，當地人撿拾這些原種麥子來吃，帶回家來後慢慢地發現掉在地上的原種會長出麥草來，一段時日之後也就能結出粒種來供人食用。經過這個發現之後，人類逐漸發展出把麥子變成可以用人工培養的作物。其實要學會種植，實在不是一件容易的事，野生小麥和家生小麥差別極大，在小亞細亞一帶，野生小麥有兩種，一種是einkorn，它有七個染色體，一種是emmer，則是有十四個染色體，這兩種野麥原種在成熟之後，麥粒都會自然掉落土裡，麥種會掉落地裡的麥子對其自身的散佈與繁殖有用，但對人類採食就非常不利，因為撿拾需要更多的功夫和時間。當時的人不知道在什麼情形下發現這兩種野麥交配了以後，可以成為小麥新品種（成為一種有二十一個染色體的小麥新種），而這新品種所結的麥粒成穗狀，成熟時種子不會掉落地面，可供人們連根收割回家再打下穀粒食用，這就是家生麥子的起源。若從繁殖（cultivation）的角度看，這類小麥也許對人類有益處，但是由於它在成熟時已不會自動脫落，因此如沒有人類做為中介，對小麥本身的繁殖則有不利之處。所以，我們現在食用的小麥品種是經過無數次的試驗和培植，才能將其由原先利於小麥之自然繁殖的品種，改良為利於人類收割食用的品種。大麥、小麥之成為人類的作物，由野生植物變為家用植物，是經過長久與自然環境的奮鬥才成為人類文化的一部分，其他作物亦然。此一基礎提供了人類靠自己力量生產食物的開始，因而擺脫完全依靠自然的狀態，這才使今日科學文明有出現的機會，這也就是前文所說的「產食革命」。

在其他文明發源地，亦各有其對人類文化演進的貢獻。東亞地區的黃河流域是世界上最先種植小米、大豆的地區，並懂得畜養雞和鴨等家禽。長江流域以南的東南地區則是塊根植物如芋頭及香蕉的發源地，並且開始畜養豬等家畜，同時也應該是最先種植稻米的地方。在北非和東非，最早種植的作物有高粱、珍珠稗（另一種小米），畜養的動物則有牛和駱駝。美洲新大陸在白種人發現以前也已有相當高的文化，甘薯與樹薯是南美洲土著最先種植的，哥倫布發現新大陸後才由美洲傳入歐亞兩洲及其他各地；而其中甘薯因種植較為容易，傳入舊世界後，幫助舊世界的人類解決了很多饑荒的困境，貢獻至大。南美印加帝國（Inca）的人最先飼養美洲駝馬與駝羊；墨西哥馬雅（Maya）人首先為人類帶來了玉蜀黍、南瓜、豆類的種植，同時也為人類開始飼養聖誕大餐用的火雞。北美洲印地安人的祖先最早種植向日葵，並用葵瓜子磨粉作主食。上述種植穀類與飼養家禽的發明是經過考古學家與古生物學家長久研究才確認出來的。這七個人類產食革命的起源地，對早期文化的進展的確有很重要的貢獻。每一地區貢獻其發明，然後匯集在一起，成為人類共同的財富，所以今天世界每一地都共享人類所有的發明。從這觀點看，人類的文化不是某一民族的專利，而是具有整體性的，世界上各民族都有其或多或少的貢獻，匯聚累積下來，才能成為今日人類全體的文明。

從上面文化累積的故事所得到的啟示，使我們應該會有個較寬闊的世界觀。從各種作物與家畜的源起看來，人類的文化是整體性的，共同累積而成。沒有一個民族可以說自己是最優越的，沒有一個民族可以說他們的文化是完全自己創造的。我們中華民族對世界文化固然有很重要的貢獻，但是別的民族也貢獻不少。從這些故事中得到的啟示應該是：我們雖然不必太強調自己民族的優秀，但最重要的是，也不必因面對西洋現代文化的優勢而感到自卑，西方文明在今日的世界中雖佔優勢，但在過去他們卻是貢獻不多的，而在長久的將來，更未必是唯一領導者。只有在人類共同文化發展的目標下，各民族努力在自己的文化軌跡上創造新歷程，不驕縱、不自卑，勇往直前，這才是健康的現代人對文化發展所應持的態度。

七、文化的塑模力與相對性

談到這裡，讓我們再換一個角度來探討文化。也就是說明文化對人類所構成的塑模約束力，以及文化相對性。文化的出現是很曲折奇妙，但是出現之後，卻又對人類構成很大的影響。人類創造文化原本是為了克服多種不同的困境或「敵人」，以增進生活的舒適，結果卻也深受文化的束縛。言行舉止中都透露著文化的影響力，不同文化薰陶下舉止就有差異。例如見面打招呼的方式，各文化就有差異，中國人鞠躬或拱手，西洋人握握手，愛斯基摩人則是互相摩擦鼻子；同是招呼問候，由於文化之塑模而有相異的表現（中國人碰到不太喜歡的人，不願與之握手，但又不能有所表示時，則用拱手以表現打了招呼，既不失禮又不表示親善，是這類不同文化模式很有趣的例子）。同類的生物體都有相同的生物本能，然文化塑模使本能的表現不同。又譬如進食乃任何動物都必需的，可是人類有了文化塑模之後，在進食習慣上就產生極大的變化。本來進食是隨時可進行的，餓了就吃，但自從文化規約出一天吃幾餐與每餐進食的時刻，漸漸地形成一種現象，不到規約的進餐時刻就不會有飢餓的感覺。這種文化的塑模力，其實在前面談到家以及其延續特性時，表現在中國人、日本人及美國人的差異，已經說得很明白了。不過在這裡仍要用文化對性別的影響為例再加說明：兩性差異究竟是體質差異，還是文化的塑模使然？這問題常引起很大的爭論。婦女運動者認為兩性差異肇因於文化塑模者大，體質差異者小，但是一些生物學家卻認為兩性間確實有明顯的體質差異。例如，男性肌肉結構就比女性粗壯得多，這使得女性適於從事輕便的家務事，男性則必須承擔粗重的生計。文化的塑模和生物性的差異，兩者孰為重要呢？這一直是人類學家常討論的問題。大部份的文化人類學家認為這兩個影響因素同等重要，長久的文化塑模足以改變體質，新的體質又能促成新的文化型態，兩者間有互動關係，不能遽爾區分，有一明顯例證可支持此說法。美國早期著名的女性人類學家米德（Margaret Mead），非常關心文化對男女兩性的塑模力量究竟有多大的問題，她曾到太平洋中的新幾內亞島（New Guinea）觀察研究當地土著的兩性關係，找出可以解答這個問題的一些事實。她發現新幾內亞島上的阿拉巴斯（Arapesh）、孟都古莫（Mundugumor）和潛布里（Tsambuli）等三個土著民族居住的環境很接近，卻表現了三種不同的兩性關係。阿拉巴斯族的男女性格與氣質無甚差別，男人從小就被鼓勵不要過份好強，也不要欺負別人。長大後，男女在家庭中做同樣的事，男人也可照顧孩子，夫妻間相處甚為和樂，兩性關係很和諧，生活平靜而安詳，社會中極少有異常行為存在，彼此間斯文有禮而合作，少有侵略行為發生。孟都古莫族的情況相反，男女性格都強悍，是著名的食人族，凶暴的男人成日不做事，只從事一些宗教儀式與戰鬥之類的行為。女人也凶悍無比，嫉妒心強、自私、有侵略性，男女表現都相當粗線條。至於潛布里族男人，其性格與孟都古莫男人性格恰恰相反，他們平日愛打扮自己，以吹簫、跳舞來討好女人，一切社會與家庭的工作都由女人擔負，因此女人不論在家庭或社交場合的生活中，都是採取主動者，男人則是被動的取悅者。從這三族不同的兩性關係所表現的現象，米德女士獲得一項結論：那就是兩性差異雖有生物上的基礎，但造成兩性角色、地位、性格與氣質之不同的最大力量，應屬文化的塑模力，它有時甚至會大到影響整個社會的活動，使不同文化的民族將其舉動視為怪異、可笑與不可理解，然而本族人置身其中，一切視為當然。這就又涉及文化的評估問題，當我們想要了解異民族的文化時，實應站在與對方一致的立場上來求了解，切忌以自己民族的標準來衡量別的民族。

從上文有關塑模力的例子，我們不但可以了解較正確的對待不同文化或不同族群的態度，同時也會有更正確的兩性觀，這些正確合理觀念的存在，都是現代人所必備的。

上面說到對待別的民族文化時，不應以自己的標準來衡量別人，這種態度就是來自承認文化的相對性。所謂文化相對性的意義，就是文化的高低、好壞；但是風俗習慣的鄙陋與否，應該從該民族的內在文化去評量，不能用其他民族的標準、好惡去判斷。因為一種風俗的存在，必有其存在的道理，假如不能從這內在道理去看，就難免會有偏見或錯誤的評估。民族之間的誤解與糾紛，大半都來自這種偏見與刻板印象，而當今世界上的戰爭與衝突，也大都是因族群的誤解而引起的。下文我們再用一些人類學中常見的例子來說明文化相對與族群相互諒解的意義，讓讀者們更能體會文化誤解與族群衝突的癥結所在。

在巴西亞馬遜流域的印地安土著中，流行一種很奇怪的風俗叫couvade，一般稱之為「產翁」，這是當地人有關生育子女的特殊風俗。也就是當妻子生下嬰兒之後，不是產婦在家中「做月子」，而是由她的丈夫代替她做月子。做月子的丈夫就被稱為couvade（在中國南方少數民族中，古時候也有類似風俗）。在我們中國人的風俗中，妻子生小孩，當然是由妻子做月子，因為藉此可以進補調養，恢復分娩時所消耗的體力，這是很自然的事。由此觀點來看，「產翁」的風俗實在是不可理解的奇風異俗，因為丈夫既未分娩，何用做月子調養？然而我們若從另一個角度去理解，就可發現所謂調養的想法，只是我們中國人的風俗，未必是必然的行為。而亞馬遜印地安人的風俗，如果從他們的立場去探討，也有其道理所在，甚至更有其深度的社會意義，未必就比我們的風俗差，有時甚至可以說是一種很好的文化設計。

原來亞馬遜印地安人看待生育小孩是從人際關係的立場去思考，而不是從個體調養的立場出發。讓我們從「生命關口」（life crisis）的觀點說起：人從出生到死亡要經過許多人生的必經階段，這些階段在文化學上稱之為「生命關口」。每一階段經常有困難與危機必須跨越，如果過渡得不順利，就會產生不良後果，尤其由少年進入成年的階段更是如此，這也就是少年犯罪特別嚴重的原因之一。在人生各種不同的階段中，最重要的階段是從無社會責任變成有社會責任。從一個依賴的、沒有建樹的人要變成一個能獨立而有建樹的人，這是不太容易的，因此進入此階段的初期，往往要費很大的勁才能達成心理適應。譬如當遇到第二天就要突然成為父親或母親時，在心理上實是突如其來，需要調整才能適應。況且這並非僅是個人的問題，也是社會要處理的事情。例如一個人做了父親，擁有了子嗣，他就有權繼承財產，相對就有其他相關的人減少了一筆財產。於是人際關係會因財產誰屬而緊張起來，其間的社會關係因此而大有變化，面對此一局面，當如何圓滿度過，確實不是件容易的事，所以很多民族都將初為父母親的階段列為「生命關口」之一。就如人類劃分種族異同一樣，人也把他的一生分割成許多階段，由於階段之過渡很重要，又需費很大功夫才能調適得當，實在有必要用一種儀式性的辦法藉以順利度過此關口。如果我們能設計一種儀式，使少年人透過它而順利進入成年期，則社會上的少年問題可能會減少許多。

亞馬遜印地安人很看重為人父這件事，因此該社會中感到為人父這關特別難過。因而想出一個辦法，使為人父者在關鍵時刻給他一段心理適應的時間，就是讓他「做月子」，使他有一段空白時間不與外界往來，一個月後再以新姿態出現在大眾面前，好讓別人承認他的新角色。同時，做月子這段時間也具有分界的意義，顯示前後兩個階段的不同。人類為了說服自己與說服別人相信事件的前後是兩個不同的階段，便設計這段空白作為分界的象徵。由此一行為看來，人類實在又可稱得上是一種象徵性的動物（Homo symbolicus），這種象徵性的動物經常利用種種象徵的人為儀式作為人生各個不同階段的分野，「產翁」就是這一種象徵性的儀式。

除了產翁的風俗是一種象徵行為外，我們也可從許多風俗習慣中找出具有類似產翁意義的例子。例如，台灣鄉下在定期大拜拜之前都有幾天齋戒期，齋戒期間大家一律不准吃葷，如若犯戒，就會引起公憤。為何會有齋戒不吃葷的禁忌呢？因透過齋戒期來表示拜拜的日子是神聖的，不同於平常的日子，二者不容相混，所以用齋戒作為象徵神聖與世俗日子的分野。

從上文的描述，我們可以看出文化內在法則的作用是多麼巧妙，實在是不能僅憑風俗習慣的外表去判斷別人文化、習俗的好壞，所謂文化相對性的意義就在於此。而了解文化相對性的人就應該以更謹慎的態度對待異民族文化，應該深入理解其內在道理，等到你理解其道理之後，你不但不會誤解它，有時反而可以欣賞它，就如同欣賞「產翁」的社會地位具有緩衝功能一樣，發現別的民族並不笨，他們也是很有巧妙思維的人啊！假如人人都能體會這種文化相對性的意義，那麼民族的偏見就可大為減少，種族的衝突就可避免或減少，人類和睦相處的機會也會大增。

八、文化的文法

上一節我們討論到文化的內在法則，以及如何理解別個民族的內在文化法則，以便欣賞別人的文化。在本節中，我們希望對所謂文化的內在法則，做進一步的闡釋。

前文我們說到三種不同的文化：物質文化、倫理文化與精神文化，這些文化的項目是平常都可以觀察得到的，所以通常都稱之為可觀察的文化。然而，在這些可以看得到、觀察得到的文化項目背後，經常有一些看不到的原則或法則在支持、約束這且可觀察文化項目的運作與施行，否則各行其是就容易產生矛盾，出現文化行為的不一致性。這些文化的內在法則，在學術語言上常稱之為文化的文法或文化的邏輯。

那麼，什麼是文化的文法？既然叫文法，當然是受到語言學家的影響。實際上法國式的結構人類學家多少是受到語言學家索緒爾（F. Saussure）的影響。他認為：語言有深的層次結構，文化跟語言一樣有深層的結構。我們用一個比喻來說，語言大致可分為兩部分，一部分我們叫他Speech，一部分我們叫他Grammar。Speech我們可稱之為說話，Grammar我們則通稱為文法。如果我在演講就是Speech，是說話，你們都聽得懂。原因是我們都是中國人，不管哪一種方言，基本的Grammar，基本的內在結構都完全相同。我們這個文法的內在結構是從嬰兒開始、從家人、從母親那裡開始學習過來的，是一種下意識的存在。就像電腦的軟體灌到硬體裡，永遠存在，是一種內在的結構，深層次的下意識（sub-conscious）結構。所以我們一年級讀書時不讀中國文法，到現在你也不懂中國文法，我也不懂中國文法。中國文法只有像趙元任先生這樣的語言學家寫給外國人看的書才有。但是我們學英文的時候，一開始就必須學英文文法。這就是說從小一開始學習的語言是內在存在的，只有長大以後學的Grammar才必須重新學。我們因為不是從小學英文，從初中才開始讀英文、讀英文文法，所以英文文法是後天輸入的，不成為我們頭腦裡的磁片，是經過學習而得的。所以我們每一次講英文，都要想一想文法，分辨以下這位是男性或女性，是he 或she；我們講中文不需要分辨他或她，大家都聽得懂。但是你說話時尚需想一想英文文法的話，你英文就不流利。這就是後期學得文法的緣故。語言就是由這兩部分，Speech（說話）跟Grammar（文法）合而為一的。但是一個是表達出來的，一個是像電腦的磁片放在機器裡邊。

借用語言學家的這種想法，我們認為文化跟語言一樣，一部分是可以看得見的，是可觀察的文化，可以聽得見的；另一部分則是不能看得見的，是Grammar。每一個文化都有它內在看不見的部分。我們能夠熟悉中國文化的種種行為，主要是因為我們是同一個文化的Grammar。這個文化的Grammar就像語言的Grammar，是下意識存在的，不是你真正知道的。這樣的文化是內在的、深層次的。結構學派所追求的目的是這個內在的結構，在這裡我們又可把文化的內容重新表列如下：

表二：文化的內涵（二）

- 文化
  - 可觀察的文化（observable culture）：
    - 物質文化
    - 社群文化
    - 表達文化
  - 不可觀察的文化（unobservable culture）：文化的文法

因此，要了解一個民族或了解一種文化，假如不能了解它的內在結構，經常是不能真正抓到重點，更不能知道它所受外來影響而引起變遷的特徵。這一部分我們稱它為文法或邏輯。這一部分就像電腦磁片放進電腦裡，一定會按照它的程式（Program）來運作，不容易變遷的。中國一百年來受到西方文化的影響，它的種種變遷，假如只看外表，那變化比較大；假如了解它的文法，了解它的邏輯，就不一定有那麼大。至少它的變遷是有一定的法則。要說明文化的內在法則或文化文法其真正意義，最好的辦法是先用具體的實例引入。

首先舉穿衣服為例，這是屬於「物質文化」項下的例子。衣服穿著的規則最常表現在行儀式的時候，譬如婚禮或喪儀舉行的時候。現在的人在婚禮時都要穿白色的禮服，這是受西方人的影響，傳統中國人，新娘子都是要穿紅色，白色其實是喪事時候穿的，現在受西方的影響，婚禮改用白紗了。雖然禮服顏色改變了，但大家普遍並不知道西方人在行儀式時衣服及其顏色的內在法則。英文著名學家李奇（Edmund Leach）有一篇文章把西方人的穿衣法則說得最透徹：他說西方人穿衣服有一定的顏色邏輯。平常是可以穿五顏六色的衣服，但是在舉行儀式時，就要穿無色系。無色系又分為兩種，一種是白色，一種是黑色。在西方人看來，黑色和白色都是無色（non-colored）。但是白色跟黑色是各有一定的意義的。新娘在結婚儀式上是穿白紗，那麼還有哪一些人穿白色衣服？神父在做彌撒的時候是穿白衣服，是同一類的。Leach 說這是儀式中（ritual-in）。那麼，哪一些人穿黑色的衣服呢？寡婦穿黑衣服，寡婦因丈夫已死，故是在婚姻儀式之外了；而神父在做彌撒時是穿白色的，但在外出時是穿黑色的，這是在儀式以外（ritual-out）。所以白色表示儀式之中，黑色表示儀式之外，婚姻與做彌撒均同。這就是所謂衣服的邏輯（參看表三）。經由這個例子，你應該可以大致明白我所說的文化文法是怎樣一回事。

表三：衣服的文化文法（西方文化）

平時衣著顏色	儀式時衣著顏色	
五顏六色（colored）	無色（non-colored）	
	白	黑
	儀式之中（ritual-in） 女性（在婚禮中） 神父（作彌撒時）	儀式之外（ritual-out） 女性（喪偶時） 神父（不做彌撒時）

這一個例子的層次是物質文化，它自有其邏輯，但是不同層次的邏輯結合在一起又變成更高一層的邏輯原則，最後很多不同的邏輯原則勾聯成一個最高層次的文化文法。以我們中國人穿衣服究竟有沒有文法一事為例？最容易看出來的也是在喪事之時。在台灣做喪事的時

候，衣服是五顏六色的，很有趣。穿無色的麻布大半是孝男孝媳，穿白色的像麵粉袋的布大半是孝孫，是第二等親屬，遠房的親戚要掛藍條子、姻親則要紅條子，掛了一大堆。在一行列的喪葬隊伍裡面，人類學家一下子就可以看得出來五服的親戚，別人看來確實很有趣。其中用顏色與布料來表達與死者的親疏關係，是有一定的法則作為標準的。

上面所說儀式是衣服邏輯的例子。假如我們把穿衣、吃飯、行車的法則併在一起，就會形成一個更高的邏輯法則。但是實際上真正完成這方面的研究並不多。我下面要舉的第二個例子是在中國南方（北方不容易看得到），尤其是現在台灣人祭神時供奉祭品、冥紙的一套法則。

表四：祭品的文法（華南民間文化）

	天	神明	祖先	小鬼
祭物	全、生	大塊、半熟	小塊、熟	熟（隨意）
冥紙	金紙		銀紙	
	天金	壽金	大銀	小銀

在台灣的民間信仰觀念中，認為超自然的存在大致可以分成天、神明、祖先和小鬼等四個範疇，這四大類的超自然範疇可以有很多的方式來分辨它，但是最重要的一個分辨辦法是祭品。台灣人在祭天的時候，一定要殺一頭大的豬。殺豬的時候，全村落、幾十或十幾個村落在一起比賽。拜天公的豬一定是一整隻的、完整的，只是把肚皮剝開來，把內臟拿掉，趴

在那裡。在台灣，有時候做宗教儀式是非常戲劇化。祭天時，當然整隻豬都是生的、不煮的，但要拜天公以下的神，如台灣人喜歡拜的媽祖或關帝、王爺、祖師爺等等，用的豬肉則是一大塊，而不是一整隻的了，而且這一大塊經常是半熟的，也就是在開水裡面煮一下就撈起來，就像我們平常煮回鍋肉用的肉就是半生熟的。可是在拜祖宗時則是把祭肉切成一小塊，並且要煮熟，而且調味。至於拜小鬼，隨便煮熟了擺在那裡就行了。

另一方面是關於獻給神靈的冥紙，冥紙可分金紙、銀紙兩大類。這是對於超自然的存在非常重要的分類。分類是非常重要的文化觀念，一個民族的本土分類方法（native category）代表其對宇宙存在認知的肯定，這是人類認知一個很重要的過程。在台灣及其他華南地區，民間風俗在獻給天和神明這兩類超自然存在的冥紙時一定要用金紙，而獻給祖先和小鬼這兩類則用銀紙，這是非常重要的類別觀念。天神和神明是對社會有貢獻、是比較神聖的類別，是屬於神靈。祖先和小鬼是屬於鬼魂一類，因為我們自己家的祖先等於別人家的鬼；別人家的祖宗對於我們而言也是鬼，他們對社會沒什麼貢獻。神跟鬼是兩大類，神對社會有貢獻，是神聖的、是可以保佑全體人群與社會的；鬼只是私人範疇的超自然體，所以是較世俗性的。因此一種是用金紙、另一種用銀紙，以示其間的差別。

不過，很重要的一點是祭品與冥紙所代表的內在意義。假如你把上述的例子加以綜合、類推，可以發現其中有兩個邏輯原則在發揮作用。坦白說這些祭品沒有什麼實際用處，祭品只是用來作為象徵的東西，用來比喻我們中國人對超自然高低的感情而已。其原則是用完整和部份來比喻高低，完整的是高的，大一點的也是高的，小塊、小部分是低的。用生與熟來比喻生疏與稔熟，天是很遠的，天高皇帝遠，所以用完全生的來比喻其高遠；神靈可以直接保佑我們，顯然比較親近一點，所以用半生半熟。但是屬於自己人的祖先或小鬼就顯然要用熟的來說明其親近關係了。這是中國人或者至少是華南中國人的祭品邏輯，這個邏輯法則可用如下的公式表達：

（一）全體：部分：：高：低（以全體與部分比喻高與低）
（二）生：熟：：生疏：稔熟（以生與熟比喻生疏與稔熟）

這裡要以一段故事進一步說明祭祀超自然物品的象徵意義。據說在一九三七年時，英國著名人類學家布朗（A.R. Radciffe-Brown）教授到北京訪問，燕京大學某位助教陪他到北京鄉下去做田野調查，看到一個家庭在拜祖宗。布朗是一位大師，他故意問燕京大學的這位助教：「你們中國人在拜祖宗之時用了這麼多酒菜，是不是真的相信祖宗會回來吃這些祭品？」這位助教比較年輕氣盛，覺得布朗這位大師這樣問話，多少有點是看輕我們中國人。因為西方人本來就說我們中國人很現實，會用鈔票來賄賂神。於是就回他一句話說：「布朗教授，你們英國人在你們祖宗的墓上獻上一束花，是不是也相信你們的祖宗會聞到花香呀？」這個故事是在強調花跟祭品對我們人類學家來說並沒有差別，這些東西是象徵物而已，它們只是用來表達宇宙分類的東西。但是，就這一點而言我們中國人似乎比英國人「聰明」一點，我們中國人用不同的類別來表達超自然的範疇，英國人只有一種象徵的類別，他們只懂得用花來表達，對我們來說當然是太簡單了。分類越複雜，是否表示這個文化更能夠利用象徵物，這就值得探討了，最少不能說是落後吧！

以上就是我所說的文化的文法。我們研究者去廟裡、村落裡做研究，描述了這麼多民間祭祀神明以及拜祖宗之時所用的祭品，以及他們怎樣拜祭，回來後又怎麼樣綜合起來，這是研究者要經過長久的思考才能完成的。但是不同文化互相接觸學習的情形就不同了，其間常常只是表面的借用，並沒有學得法則。例如少數民族與我們漢人接觸，因為不同民族有不同的祭祀法則，他們學我們漢族學到什麼程度，有沒有學進去，這就很難說了。假如沒有真正學進去的話，就會很亂，像我們中國人穿西裝的方式，對西方人來說就是很亂，沒有真正學得西方人穿衣的法則。照西方的方法，我今天不應該穿一套的西裝來上課，上課一般最多是一件西裝上衣，褲子要不同顏色。但是我們中國人不管什麼時候都要穿一套西裝，有時候連袖口的商標也未剪下來就穿出去了，老外看了覺得很好笑，這種狀況就是我們接受它的衣服，但是並沒有接受它的衣服文法，所以就亂了。

九、中國文化法則初探

前面說了這麼多關於文化與文化法則的問題，大家一定急著要問，我是否可以對中國文化的法則，也就是中國文化的文法提出一個架構來。最近這幾年，我自己確實對這方面的問題做了一些探討，也發表了幾篇論文，但這是一個很複雜的問題，此外我的研究都是從民間文化的立場去分析，較少涉獵傳統的經典，可能不是很完整的架構，但也不妨先做一個初步的圖像表達出來，可供進一步探討修正。

我的基本假設是：中國文化中的宇宙觀及其最基本的運作法則是對和諧與均衡的追求，即人與自然、人與社會、人與自我的和諧與均衡。換言之，傳統文化理想中的最完善境界，都以此一最高的均衡和諧為目標；而要達到此一目標，就是要三個層面的系統都維持均衡和諧。這三個層面的均衡和諧如下圖：

表五：三層面和諧均衡的「致中和」表解

- 致中和（整體的均衡與和諧）
  - 自然系統（天）
    - 時間的和諧
    - 空間的和諧
  - 個體系統（人）
    - 內在的和諧
    - 外在的和諧
  - 人際關係（社會）
    - 人間的和諧
    - 超自然的和諧

在這三個和諧均衡層次中，第一個層次是自然系統的和諧，這也是傳統價值觀念中尋求所謂「天人合一」的目標。自然系統的和諧與均衡包含時間和空間兩方面。中國民間信仰對時間的和諧觀念表現在把各人的生命配合著宇宙時間而做解釋。每個人出生的年、月、日、時四個定點（四柱），即是用天干地支作為表達的記號，也就是通常所說的「八字」。這個代表他初生的「八字」，也就決定了他一生的歷程，這就是「命」。在民間信仰中，「命」是生來就決定了的，所以常說是「命定如此」，是不能改變的。但是，每一個人的生命歷程與宇宙的時間對照配合時，就會有各種大小不同的階段，而各階段有時是好、有時是壞，這就是所謂「運」。在傳統信仰中，「命」是無法改變的，但「運」是可改變的，並可以借助各種不同的力量加以改動。對時間和諧的追求，就表現在這可改變的「運」上面。個人的時間與宇宙的時間，有時是和諧的，那就是吉，也就是好運；有時則是不和諧的，那就是凶，也就是壞運。所以，中國人每做一件事，都要尋找吉利的時刻，也就是選擇吉日良辰，這就是我們常看到要去算命、改運、擇日、求卜等等行為的原因。可是維持與自然的均衡和諧，只有時間的因素並不完整，另一方面也必須在空間的領域維持同樣的和諧，才能算是較穩定的和諧。傳統文化中的空間和諧觀念主要從陰陽出發，然後再及於五行，再進而有八卦，這些因素的綜合，表現出來就是「風水堪輿」的行為。傳統文化對時空的調適和諧觀念，可說是中國人最根本的宇宙存在與運作架構，世人存在於宇宙間最重要的法則。

第二個層次的均衡和諧是個體的均衡與和諧，可分為內在實質的和諧和外在形式的和諧兩方面。內在的和諧主要是以陰陽對立觀念來解釋人體內部的均衡和諧。如某人身體是「冷底」，則多吃熱性食物以平衡；若是「熱底」則多吃冷性食物以平衡；假如身體出現過熱現象，則多用冷性食物或藥物，反之亦然。隨著氣候變化，冷熱食物的吃用也有所變化，冬天多吃熱性食物，夏天多吃冷性食物，以維持體內冷熱的均衡，這一套也是傳統中醫的健康養生原則。外在形式上的均衡主要表現在個人名字的運用上。名字對於個人而言，像是符號、象徵而已，可是在傳統的姓名學中，視兩者有一種神祕的關聯，名字對於個人而言具有一種轉換的力量。名字的轉換力量表現在兩方面：其一是表現在五行因素上，另一是表現在姓名筆畫上，兩者都是一種對個體外在形式均衡的追求。

第三個層次的均衡和諧是人際關係的和諧，它是中國傳統文化價值系統中最高的目標，所謂以倫理治天下即在於此，也就是前文我們討論到的中國人是以「倫理文化」為軸心的意義。儒家的社會理論主要是在人間建立一種和諧的社會秩序，這個社會秩序的基本骨架即是倫理。

從小傳統的民間文化角度看，人際關係的和諧，可以分為兩種不同的向度來說明，其一是同時限（synchronic）內人際關係的和諧，另一是異時限（diachronic）的社會秩序的和諧。前者表現在以「家」為出發點的家庭成員的倫理關係，並逐步一波波地擴及其他人群。這也就是前文所說有關於「家」的種種以父子軸為範式的人際關係準則。後者超時限關係的和諧，則是指人際關係的維持從現生人的向度上延續到已經過世的家庭成員關係上，並進而擴展到其他超自然的神靈關係。把現生與過世的家族成員都看做是一體，認為兩者都得到和諧均衡才是真正的均衡，這是中國人際關係最重要的特色。小傳統的民間信仰表現在這一方面也最為突出，其主要表現形式就是民間十分盛行的祖先崇拜儀式。

在人際關係和諧這一層次中，除了維持家庭親族關係的和諧外，與鄰居以及社區關係也十分重要。傳統民間習俗的紅包禮品及宴請手段就是這種取向的表現。

在傳統中國文化觀念中，三層面的和諧與均衡是緊密關聯的。一個層面的和諧，是暫時或孤立的和諧，只有三層面的整體和諧，才是永久性的、最理想的和諧均衡境界，這也是儒家努力追求的「致中和」的境界，也就是《中庸》所說的：「喜怒哀樂之未發，謂之中；發而皆中節，謂之和。中也者，天下之大本也；和也者，天下之達道者也。致中和，天地位焉，萬物育焉」之原意。

換而言之，這一個所謂三層面和諧均衡原則，或可稱為「致中和」宇宙觀，即是中國人做人行事的最根本準則，一切行為的內在意義都可找到它的蹤跡，不論是小傳統的民間文化，或者大傳統的士大夫文化都基本上遵循這一法則，所以可說是中國文化的文法原則之一。

建議進階參考書

李亦園：《文化與修養》，台北：幼獅文化公司，一九九六。
李亦園：《田野圖像——我的人類學生涯》，台北：立緒文化公司，一九九九。
莊英章：《家族與婚姻》，台北：中央研究院民族學研究所，一九九四。
陳其南：《文化的軌跡》，台北：圓神出版社，一九八六。
Ian Tattersall 著，孟祥森譯：《終極演化——人類的起源與結局》，台北：先覺出版社，一九九九。

第二篇　談宗教

一、前言

我們在第一篇〈說文化〉的討論中，就已經說到宗教與藝術、音樂、文學等等都是屬於精神文化或表達文化（expressive culture）的產物，它們都是人類為了要抵抗羅素所說的「自我」這個敵人所創造出來的文化。人類為了要安慰、彌補或克服自己在感情、心理、認知上種種困難與挫折、憂慮與不安，因而創造了許多精神文化或表達文化的產物，包括藝術、音樂、文學以及宗教信仰等等，並藉著這些創造以表達內心的感情與心理狀態，同時也藉著這種表達得到滿足與安慰，進而維持自我精神與感情的平衡與完整。然而這裡特別要提出的，藝術、音樂、文學等等代表一種精神文化或表達文化大家都較易於理解，但要說宗教也是一種精神文化或表達文化就會有人有所質疑，這的確是較為複雜的問題，需要費一番解釋，因此才要列為「第二篇」來專門討論。

說宗教是人類所創造出來的精神文化之一種，首先會質疑的應該是一些已信奉某一宗教的人，他們會說宗教應該是神創造的，人怎麼有力量來創造宗教呢？提出這樣的問題，就明白點出討論宗教與一般學術問題的差異。因為討論宗教一定經常牽涉到「信者」與「不信者」兩種不同立場的矛盾。信仰宗教的人經常會認為宗教是神所創造的，人不過是先信奉神才皈依入教的，人是沒有能力創造宗教的。

對於這個問題，我們是秉持純屬學術的客觀研究立場。我們認為即使宇宙間有所謂的「神」存在，但是世界上各民族崇奉「神」的方法與儀式卻大有不同，這些不同的儀式與辦法應該就是人創造出來的。我們研究宗教的目的，也可以說就是想要了解世界上有許許多多不同的信仰方式是怎樣形成的。換而言之，從純學術的立場來說，不論有神沒有神，各民族都有不同的信仰方式，這些不同也就是文化現象的表現。了解分析這些不同的文化現象，就是學術研究的目的，也就是人類學研究的主要對象，本書要有一個副標題「人類學的觀點」也就是這個原因。總之，我們在這裡談宗教，是要把宗教看作文化社會現象來探討，並不牽涉到該不該信、有神沒有神的問題。

二、普化的宗教與制度化宗教

我們在第一篇〈說文化〉時曾經說到西方人對「神」的觀念與我們中國人頗不一樣，我們用「原罪」的觀念來說明西方人認為人生來有罪，所以永遠不能像「神」那樣完美，因此人與神之間的關係是分隔不延續的。但是中國人沒有「原罪」的神話，我們相信人是原善的，只有自我努力修持，即可超過一般人的平凡而達到某一程度的完美，那就可以成為神了。這麼一來一定有人要問，為什麼我們會認為人是原善而可以超越凡人境界呢？這自然與我們的文化基調是以「倫理文化」為核心的現象有關。但是要真正說明其間的關係，就要回到宗教信仰的本質上去討論了。下面讓我們先說明宗教本質的第一個特性。

大致來說，世界上的宗教可分為兩大類，第一類是「制度化的宗教」（Institutional religion），另一類是「普化的宗教」（Diffused religion）。根據著名的華裔社會學家楊慶堃先生的說法，所謂制度化的宗教就是像天主教、基督教、回教等，他們有系統的教義，有完整的經典，並且有嚴格的教會組織，同時他們的宗教通常都是和日常生活有相當區隔、分開的。而所謂「普化的宗教」主要是較欠缺系統化、專門化的教義，它的教義就是它的宇宙觀或是它的社會倫理觀。它沒有固定的經典，更沒有系統化的教會組織，而且它的宗教是和日常生活混在一起而不分的，我們中國的宗教即是屬於此類。不過，在這裡要先做一個聲明，楊先生的這種「制度化宗教」與「普化宗教」的說法，並沒有帶有「進化」程度判斷意思，也就是說並沒有認為前者較後者更進步的意思，譬如說我們中國式的宗教信仰雖沒有系統化的教義，卻因為與日常的社會生活密切結合，因此也是極富包容、寬恕等人文精神的宗教。

中國傳統宗教包括很多面，其中最主要部分是祖先崇拜。祖先崇拜的內容包括對不同世代的祖先怎樣依序奠祭，怎樣製成牌位，怎樣把祖先「進主」到祠堂，怎樣組成同宗族組織共同祭拜祖先等等，這些都和我們的日常生活是連在一起的，所以跟其他宗教是不一樣的。祖先崇拜的信仰可以有拜同一祖先的宗族組織，但是卻不能像基督教一樣組成教會，更不能像天主教一樣有教皇，所以它不是一種制度化宗教。

除去祖先崇拜之外，我們的宗教文化尚包括神明崇拜、歲時祭儀、生命禮俗、時間與空間的觀念和信仰、宇宙觀等等成分。例如我們在第一篇談到中國文化的文法「致中和」法則時，即指出我們中國人都認為一個人生出來，都有一個定點，那個定點用年、月、日、時來計算的，它有四個干支，也就是所謂八字，也就是命運的根源，我們相信「命」是一定的，「運」是可以改的，這是我們的時間觀念，都是和超自然連在一起的。又如風水、葬儀、占卜、算命、符咒等等，都是我們宗教觀念的一部分，不像西方宗教那麼有系統而具專門性。我們的宗教可以說是分散的，生活的每一部分都有，所以稱為擴散或普化的宗教（diffused religion）。因此如果西方人問我們信什麼宗教，假如我們不信天主教、又不信基督教、也不是佛教徒的話，一般人很難答出來信什麼教，他們要是問你是否信「儒教」，那你會覺得更不容易回答，因為儒家是不是宗教尚有問題，一時也就很難於回答，甚至覺得很尷尬。假如你下次碰到這種問題，就該告訴他：你問錯了！你不能問我們信甚麼教，你只能問我們的宗教是什麼樣子，我們中國人的宗教不是一個宗教，而是一種信仰形態。因此問題就出現了，若依內政部現在的規定，要成為一個宗教才能登記，難道我們對祖宗崇拜也要登記？但是祖宗崇拜又是我們主要的宗教型式，這就是一個矛盾，一個沒有把宗教基本觀念弄清楚的矛盾。至於中國人為什麼會有這樣的宗教信仰？這是因為我們的文化精神所致，因為我們的文化是以「倫理文化」為出發點，是著重於克服羅素所說第二個困境的文化體系。所以我們的宗教及我們對自然與超自然的態度，只能用「天人合一」的觀念來說明，也就是第一篇提到文化所說的三層面和諧均衡的「致中和」宇宙觀精神。只要了解這一點，對於我們的文化信仰，相信會比從前多知道一點。

在這裡，欲得到更清楚的看法，也許我們可以把中國人的宗教信仰內涵列表如下：

表六：中國傳統宗教的成分

- 傳統中國宗教剖析
  - 一、祖宗崇拜
    - 牌位崇拜
      - 家內崇拜
      - 祠堂崇拜
    - 墳墓崇拜
  - 二、神靈崇拜
    - 自然崇拜
    - 鬼魂神明崇拜
  - 三、歲時祭儀
  - 四、農業儀式
  - 五、占卜風水
  - 六、符咒法術

目前在台灣，祖宗崇拜仍相當程度地流行著。根據一九八〇年代中期，作者與同事們的研究，在大城市如台北市，因為住家建築大部分公寓化，供奉祖先牌位的機會大為減少；但在傳統的城市中，如新竹市內，其居民仍然有75%供奉祖先牌位，而在新竹近郊的一個閩南系統的村落中，則100%的居民仍在家中或祖厝中供奉祖先牌位。我們可以這麼說，在台灣鄉村中，祖先崇拜仍是一種重要的傳統信仰型態。許多人也許遷到城市裡居住，早已無法供奉祖先牌位，但是在鄉下的老家裡仍然保持原有的祖先牌位存在，每逢年節大家都盡可能地返回老家祭祀祖宗，一方面藉以與同家族的人聚會，聯絡加強家族的凝聚力，另方面也象徵性地表達對共同財產的權力與責任。實際上，從台灣鄉村祖宗崇拜的儀式行為中，我們可以看出這一古老崇拜儀式所透露出的許多現代人際關係的意義，這不但表達了人們對家族財產的權利責任訊息，而且也經常成為同家族中各成員之間表達相互關係以及穩定情緒的象徵。從若干較深入的研究實例中，我們就可很清楚地看到這些功能的具體表現。

我們探討傳統的祖先崇拜，並沒有重新恢復這古老風俗之意；事實上，不僅現代化居住方式不易安排祖先牌位，現代社會的心態也不易容納這種信仰型態。但是在現代與傳統交替之時，年輕的一代有時對年長者不能諒解，常常會以為這是過時的迷信，產生排斥的心理，假如理解迷信形式的背後，也有其內在的意義，也許就不會那麼排斥，甚至會思考有沒有什麼現代的象徵體系，可以用來代替古老的崇拜制度，藉以解決家庭中種種緊張關係以及身分認同的困境，這應該是我們對傳統的祖先崇拜所應持的正確態度。

三、宗教的功能

從宗教學的立場來說，一般所謂宗教信仰大致包括兩個層面，第一個層次是較屬於觀念的層次，那就是探尋如生死問題、人生意義的所謂終極關懷，以及倫理道德、社會正義等相關問題；第二個層次是比較具體的層次，那就是有關處理信仰超自然存在的問題，也就是對信仰的超自然如上帝、神明與鬼魂等的態度與行為。人類藉超自然存在的信仰，一方面可以滿足個人的心理需要，另一方面又可藉以整合社群團體。超自然滿足個人的需要又可分為兩種不同的態度，一種只是對超自然默默禱告、祈求，請求賜予平安福祉，而不敢有什麼太具體的要求，這種信仰態度一般稱為「宗教態度」。另一種則帶有強迫性或交換性態度，要求超自然給予某些具體的滿足，有時甚至會作一些法術以達到所需的目的，這種信仰的態度與行為，一般稱為「巫術態度」或「巫術行為」(magical behavior，這裡要請讀者們特別注意，巫術與魔術是不同的，巫術是有關宗教信仰的名詞，魔術則是戲法的一種，但因為兩者在英文中都用 magic 一字，所以常被混淆錯用)。綜合前面的敘述，我們可以把「宗教信仰」的功能解釋如表七：

表七：宗教信仰的功能

- 宗教的功能
  - 終極關懷與探尋
    - 宇宙存在、生死問題、人生意義的追求——認知的功能
    - 道德倫理、社會秩序的肯定
  - 超自然崇拜
    - 整合社群
    - 滿足個人心理需要
      - 禱告、祈求的宗教態度
      - 強迫性、交換性的巫術態度與行為

整合的功能（道德倫理、社會秩序的肯定；整合社群）

生存的功能（禱告、祈求的宗教態度；強迫性、交換性的巫術態度與行為）

根據以上的分析，我們可以說，在一個合理而正常的宗教信仰裡，不僅終極關懷的探尋與超自然崇拜兩層次上都要有平衡的發展，而且作為整合社會與滿足個人需要的超自然崇拜

也有相當程度的相互均衡，否則只是偏向於現實功利傾向，一味追求個人的欲求，這個宗教就是失衡了，也就是傾向於一般所說的「迷信」了。

在西方的社會裡，特別是猶太基督傳統的宗教裡，終極關懷的追求以及倫理道德的開展，都是與超自然信仰和崇拜密切扣連在一起的。在《聖經》裡，上帝的存在不僅是信仰本身，同時也解釋了宇宙、生死、人生的最終意義，而社會制裁、道德倫理的根源也由此得到肯定與維持。換而言之，西方猶太基督宗教的傳統是一種極具威嚴的神主宰一切的信仰，神的意旨是不容踰越與懷疑的；然而西方社會的信仰不是沒有失衡的時候，中古時期巫術與神權也常常高漲，但最後因為種種宗教革命與改革而得到平衡，近代的種種異端教派，也常常以巫術邪說惑眾，但總是高潮一過就煙消雲散了。可是我們傳統的中國民間信仰型態就較不一樣，傳統民間信仰的結構特色是超自然因素與倫理道德因素有相當程度的分離，而不像西方宗教那樣的兩者密切結合。

在傳統中國文化中，倫理道德概念與哲學系統一直是由儒家思想所主宰的，宗教信仰中只用現成的道德倫理來作獎懲的判斷，而自己並不對道德本源作哲學性探討的。這一傳統是中國文化中以「人倫關係」為本位而不以「人神關係」為本位所出發的特色，也就是說在中國文化中「神明」的完美與神聖是由人來界定的，而不是神本身所確立的。由於這種人本精神的信仰形態，所以，中國式的宗教態度就較趨向於寬容、包涵而不排斥。在中國歷史上很少有因宗教不同而發生戰爭的事，這是在當前世界宗教衝突不斷的時代裡，值得加以強調的特點。在傳統的中國社會裡，儒家的倫理道德規範受到普遍的尊重與肯定，所以發揮了如西方《聖經》的力量，平衡了民間超自然信仰的因素，使理想與現實得到相當穩定性的均衡。除非是在社會秩序很混亂的時代，中國傳統的宗教信仰仍維持相當合理的狀態，不但維持合理的狀態，而且經常能不斷吸收別的宗教的特色容納於其中，使自己的信仰更加豐富。

可是，在近代大變遷的過程中，儒家倫理思想受到極大的衝擊，不復成為主宰的力量。在這種情形下，宗教領域中的自然系統就有如脫韁之馬，不受約束而膨脹發展起來了。民間社會原本與大傳統的儒家倫理思想並不直接扣連，大都靠正統的神明崇拜發揮社群整合的力量，並藉社群生活的體驗，維繫倫理規範、人際關係與天人之間的和諧。不幸的是，社會變遷過分快速，個人功利現實思想的急遽形成，正統的神明崇拜也逐漸為巫術性的陰廟鬼魂崇拜所掩蓋，人與超自然之間變得只有利害相互的交換關係，所有的終極關懷與倫理道德精神所賴以維持的意義消失殆盡。這就是當代台灣民間信仰之所以被責難為什麼會那樣迷信的根本因素。

宗教的信仰並非只是滿足個人的需要而存在，宗教信仰為人類帶來終極關懷的體認，創造人生的意義與理想，並為社群生活增添光彩，表達人類至高的綜合力量。若只是為個人的欲求而有宗教，那就是徹底的巫術與迷信，這是我們對宗教與迷信之間應持的分辨標準。作為當代的知識份子，對這種宗教內涵的變遷現象應該特別注意認清，更應該在社會倫理價值的建設上特別予以關心，尋求如何建立當代的倫理精神系統，藉以平衡過分擴張的現實功利巫術行為。

四、宗教與儀式

人類宗教信仰在本質上的另一個特性，那就是其內容經常包含兩個重要的範疇：一方面是對超自然存在以至於宇宙存在的信念假設部分，也就是信仰；另一方面則是表達甚而實踐這些信念的行動，也就是儀式。儀式是用以表達、實踐，以至於肯定信仰的行動，但是信仰又反過來加強儀式，使行動更富意義，所以信仰與儀式是宗教一體兩面的表現。關於信仰與儀式的相互關係，我們可用下面例子來說明：比如說在台灣的民間信仰中常見有所謂「童乩」作法的現象。「童乩」在宗教學上是所謂「神媒」（spirit medium）的一種，它相信神可以附在人身體上，藉人之口以傳達祂的諭旨，這是有關童乩的信仰。但是童乩要傳達神諭時，總是要有一個過程，開始時要做自我催眠，那就是點香、拜神，而他的助手則要有敲鑼、打鼓，或者念咒、燒金錢等行為，這便構成習慣性的催眠使進入「精神恍惚」的狀態，而旁邊則有信徒們圍繞，凝視而期待著「神」的降臨，最後到一定的時間，童乩終於「跳」起來「入童」了，然後進行各種公眾的表演法術，或是私人諮詢治療行動等等，這些過程就是我們所說的「儀式」。童乩的儀式固然表達了人與神之間關係的信仰，同時也藉這儀式為信徒們服務，包括治病、解決困難，甚至於找人、尋失物等等。可是在許多時候，它的儀式卻是在肯定信徒們之間的權利義務，以及其相互間的角色關係，這些看來像是副產品的事件，實際上卻是儀式最重要的功能所在。所以我們在前面一直強調，宗教行為是一種表達文化，它用以表達人類心中的一些意念，但是實際上又藉這些表達的意念，倒過來肯定或合理化人際關係。

「儀式」一詞實際上來自英文的 ritual 一字，其原義是指「手段與目的並非直接相關的一套標準化行為」，也就是說儀式中所表現的行為經常是另有更深遠的目的或企圖的，這也就表明了其象徵性而非真正實用性的意義。第一篇說到穿衣的法則時曾提及英國著名人類學者李奇，他在研究儀式時認為：人類的行為大致可以分為三大類，其一是實用行為，其二是溝通行為，最後是宗教巫術行為。所謂實用行為就是做一件事有實際直接的效果者，就如我們舉起酒杯，喝下一口酒，其效果是滿足飲酒的慾望，實際上也喝到酒了。至於溝通的行為，則是指行動的目的不一定在達成實際的效果，而其目的卻在與他人交往溝通，例如舉起酒杯向他人敬酒，其主要目的在向他人表示敬意，這就是一種溝通，至於是否真正把酒喝下，則屬次要，有時根本只是把酒杯向嘴邊一靠就算了，並未真正飲酒。再說宗教巫術行為，也是一種非實用目的行為，應該屬於溝通行為一類，只是其溝通對象不是人，而是超自然的神靈。我們舉起酒杯來，向神靈或祖先禱祝祈求，表示了我們的誠心；但自己與祖先神靈都不真正喝下酒，所以並無實用意義，因之稱為宗教巫術行為。宗教巫術行為與溝通行為都屬無實用目的之象徵行為，所以一般都可合稱為儀式行為（ritual behavior）。三種行為的關係可列如表八：

表八：人類行為分類表

人類行為類別
- 實用行為（practical behavior）
- 溝通行為（communication behavior）
- 宗教巫術行為（religio-magical behavior）

（溝通行為、宗教巫術行為）合稱：儀式行為（ritual behavior）

從表八的分析看來，儀式行為不限於宗教巫術的範圍，許多與他人溝通聯絡的行為，也應該屬於儀式行為。很多社交應酬的聚集，實際上也是一種儀式或典禮（ceremony），所以研究者也就把儀式分為兩類，一類稱為「世俗的儀式」（secular ritual），另一類則是「神聖的儀式」（sacred ritual）；前者即指的是與人溝通的儀式，後者則是與神溝通的儀式。

五、世俗的儀式

最典型的世俗儀式就是生命禮儀或生命禮俗（ritual of life cycle），也就是為生、老、病、死所舉行的儀式，法國著名人類學者模斯（Macel Mauss）稱之為「通過儀式」（rites of passage），也就是前文曾經說過的幫助個人通過種種生命過程中的「關口」，使之在自己的心理上以及與他人的關係上能順利達成。此外，一個社會的歲時祭儀，大部分也應該屬於世俗儀式，因為它與生命禮儀一樣都是著重與人的關係上，不過生命禮儀當是屬於以個人為重心的儀式，而歲時祭儀則是以社群為對象的儀式。但不論生命禮儀或歲時祭儀，其行為都屬前面所稱的一套標準化的行為（standardized behavior），假如不成為一套標準化行為，也許就不能說是儀式行為了。這也是儀式行為的另一個認定標準，下文將各種世俗的儀式進一步加以說明。

（一）生命禮儀

一個人從出生到死亡，其生命歷程總有許多不同的階段，包括出生、滿月、周歲、成年、結婚、生育、退休，以至死亡等等。這些不同階段的經過，往往引起個人心理與群體關係的轉變，每一階段所產生的轉變程度雖有不同，但都如「關口」一樣要設法通過，所以社會就經常設計了一套標準化的行動，幫助個人及其親屬，藉這些標準化的儀式，以順利地通過關口。儀式中的種種行為，因為是標準化了，所以其行為本身只是一種象徵、一種符號，並沒有實際的意義，其意義埋藏在使個人得以順利通過生命關口的目的上。我們在第一篇中說到巴西亞馬遜河流域的印地安人中有所謂「產翁」的儀式，就是最典型的生命禮儀的一種。

生命禮儀中除去出生、結婚、死亡等儀式外，其中最重要的是成年禮的儀式，因為一個人從孩童的階段要進入成年的階段，其責任義務、行為標準都有很大的轉變。孩童時代是一個不須負責任而無憂無慮的時代，成年人則是有重要的家庭、社會責任要肩負起來，期間差別是很大的，因此從孩童到成年的轉變非常激烈，沒有好好準備時，經常會發生心理與行為的不適應，這就是青少年偏差行為的根源。所以每一社會都或多或少會有一種設計以協助青少年度過這個關口，這也就是成年禮或成年儀式之所以非常普遍的原因，其目的就是要使他們的青少年安度生命過程中主要的關口，成為社會正式成員，而其儀式則花樣繁複，多采多姿。

我們中國人對生命階段的轉變也一向極為重視，不僅古代的成年禮很隆重，其他如出生、滿月、周歲等等都有特殊的儀式，例如周歲時有所謂「抓周」的儀式，讓滿周歲的小孩在紅毯上爬，四周放了筆、算盤、剪刀、胭脂等等，看小孩去抓什麼東西，以便預測小孩的前途和興趣是什麼，這都是世俗的生命禮儀。我國古代的成年禮，男孩稱為「冠禮」，女孩稱為「及笄」，也就是在孩童之時頭髮並不嚴格處理，但是到了成年之期，在舉行盛大的儀式之後，就要把頭髮整理起來，男孩要戴上冠，女孩要加插上簪笄，這是用服飾差異的方式來提醒他們已是成年的身分，不可再像孩童一樣地不負責任了。其實我們傳統文化中仍有不少對通過生命關口的儀式設計，例如《禮記》〈檀弓篇〉有一段話說：

「幼名、冠字、五十以伯仲，死謚」。疏曰：「冠字者，人年二十有為人父之道，朋友等類不可復呼其名，故冠而加字。年至五十，耆艾轉尊，又捨其二十之字，直以伯仲別之，至死而加謚」。

生命禮儀協助人順利度過人生不同階段的關口，給予人準備、緩衝，也教導進入階段應有的角色扮演，以及如何與他人相處，這是很有意義的設計。但是儀式本身，無論如何是一種象徵的手法，而象徵的手法要適時適地。古代的加冠方法在現代已失去其可行性，即使改變名稱的方法也不易在現代社會中推行，我們要讓現代青年人有一個合理的成年禮，使他們能夠藉儀式而有調整身心的機會，以便做一個現代社會的公民，恐怕要另有一套合理的設計，最少要符合現代環境之所需，而不是復古，更不是現代商業性的誇張與脫序。就如現代台灣所看到的許多婚禮、喪禮一樣，不但商業氣氛非常濃，而且不時有脫衣淫穢的表演，脫離生命禮俗的原有意義愈來愈遠，對社會風氣也產生許多不良的後果，這也是年輕的知識份子特別要用心加以注意的社會現象。

（二）歲時祭儀

生命禮儀是個人的通過儀式，歲時祭儀則是家庭、社會甚至整個國家的通過儀式；生命禮儀是以人的一生為周期，歲時祭儀則是一方面以一年時間為周期，另外一方面也以更長的社群發展階段為周期。以一年為周期的歲時祭儀包括新年、清明、端午、重陽、中秋、臘八、除夕等節日，每一節日各有其特殊的儀式活動，表現不同的象徵意義，但其目的都是希望藉節日的慶典，使一年的各階段順利通過。較長周期的社群儀式，更是要藉這些慶典活動，使社群進入更新更好的發展階段，尤其是在感覺到前此的階段中，社群如遇到什麼不吉利或不平安的事件，更是希望這霉氣的階段趕快過去，好的階段早日來臨，而且不要與舊的階段有任何瓜葛。

前文曾說到台灣鄉村中常有的「做醮」儀式，就是典型的社群通過儀式。做醮的儀式可以是三年期、六年期，甚至可以長到六十年為一期，所以是典型的長周期儀式。做醮的目的就是在祈求舊的階段早日結束，整個社群期待迎接新的平安階段之來臨，這就是藉儀式的手段來形容、譬喻「生命關口」的容易通過。譬如在台灣鄉間做醮儀式過程中有一項很重要節目，那就是在醮期開始之前，參與做醮的數區或村落全體的成員都要先有三或五天的「齋戒期」，在齋戒期間內，不但參與的成員要禁食葷腥，要守很多禁忌，而且全社區的境域內都不准殺生，一直要等到主要儀式正式開始後，才能開齋解禁。這種禁食葷腥、遵守禁忌的齋戒期假如與前述的做月子、成年禮隔離期做比較，我們就可以發現它們之間有一共通的特色，那就是企圖用一段「空白」期間作為隔離，以便把過去的時間與即將來臨的新階段隔開來。作為「空白」期間的手段，可以是守在家裡「做月子」不與別人接觸，可以是在村外築小屋與村人隔離進行成年訓練，也可以用不殺生不食葷腥以表示社區與個人都清淨。可是，不論如何這都只是象徵的手法，象徵的手段各有不同，惟其目的則是相同的：企圖藉這種比喻的方式，希望過去的日子讓它過去，而未來的階段重新開始。不但個人有新責任的階段不與舊階段混淆，社群的新階段也與舊階段分開，特別是希望舊階段中種種不平安不吉利的事，不再延續到新階段。這也就是做醮的儀式平常都稱為「平安醮」的原因，那就是祈求新階段的「合境平安」。

其實這一類歲時儀式的齋戒行為，若從客觀的比較宗教學理論而言，是富有很多方面的意義。首先齋戒可以說是屬於英國象徵派人類學家維多・透納（Victor Turner）所稱的「中介性儀式」(liminois ritual）的一種。所謂中介性儀式是指企圖把世俗的事務與神聖的境域分隔開來所做的禮儀，是一種分隔兩個不同境界或領域的儀式，所以又稱為模稜兩可的儀式(ritual of betwixt-and-between）。如前文所說的，在祈求平安所舉行的「醮」，那是很神聖而潔淨的，人們唯恐平時世俗的事務污染做醮的神聖性質，所以特地在醮期三天或五天安排齋戒，以便與前面平常的日子分隔開來，而齋戒期中無論個人或社區的禁屠都象徵有異於平時的生活，一種既非前者又非後者的中介或模稜兩可的狀態，並企圖藉這一狀態以保證神聖儀式的順利完滿。實際上，這一類的中介儀式，也含有開啟新階段的意義在內。我們中國古代有所謂寒食節，寒食節通常開始於清明的前三天，屆時大家都不得生火煮熟食，只能吃生冷的東西，等到寒食節一過，才由官方重燃新火。這也就是象徵一年中春季耕耘時節的開始，而在這開始之前的禁火生食就是一種中介儀式，企圖擺脫過去的日子，重新開啟新的季節。

六、神聖的儀式

所謂神聖的儀式就是與超自然界相關的儀式，超自然界不同於自然世界，也有別於日常生活的世俗世界，這種自然與世俗之外的存在，因為其獨特與神祕，所以經常被視為是「神聖的」（sacred）。與超自然界進行溝通的儀式可以說是儀式的正宗，在宗教領域中無時不有之，例如教堂的禮拜彌撒、寺廟中祭儀廟會等等，都是與神靈溝通的儀式。然而在變遷極為快速的現代社會裡，有兩類儀式最為流行，其一是因為功利現實主義的囂張作祟，從而產生種種儀式，企圖以巫術與幻覺謀求物質生活進一步的滿足與解決；另一種則因現代社會裡人們追求物欲與權力所產生的危機感，促成了對人生意義與終極關懷為追尋目標的儀式。這兩種目標恰好完全相反的儀式，在現代社會中都熱烈舉行，而形成所謂「虔信宗教」（pietism）或狂熱宗教的趨勢。而在今日的台灣，這兩類虔信宗教式的儀式，也相當流行，成為現代台灣宗教現象的主流。屬於前者的巫術性儀式，前面提過的神媒童乩是最典型的例子，而後者尋求終極關懷的虔信教派則是各種所謂的「新興宗教」。先說童乩的儀式，關於童乩的作法，我們在上節已稍作討論，這裡擬再對童乩的儀式作進一步敘述。

在台灣，童乩的作法可分為團體和私人的儀式兩種。過去童乩所發揮的功能大致可以說團體與個人儀式並重，或者更確切地說，團體的儀式甚至更受重視，個人的儀式則被看作是一種附帶性的，一種兼業而服務性的，其服務的範圍也大都以「管轄區域」內的居民為限。可是，自從工業化的腳步來臨後，社會關係因而逐漸分歧複雜化，童乩的兩種功能遂有逐漸被倒轉過來的趨勢。也就是說，童乩的個人儀式逐漸盛行起來，原來在鄉村中只是兼業而純服務性質的童乩，逐漸發展成為專業而規定收費的民俗治療者（folk healer），原來服務範圍只限於自己的村落，如今已擴大而遠遠超過村際，以至於經常有「出診」的活動；在城市裡，從前童乩的活動遠較鄉村裡不普遍，因為城市裡的團體儀式較不重要，如今則因個人儀式的盛行，城市裡的童乩也就逐漸普遍起來，甚有凌駕鄉村之勢。

童乩的團體與個人儀式的這種改變趨勢，可以看作是適應社會變遷的一種功能轉換，換而言之，也就是宗教儀式的整合功能與滿足個人需要的生存功能的相互轉換。在傳統社會裡，人際關係單純而穩定，個人的挫折與物欲的追求較不激烈，因此宗教儀式表現出整合和生存兩種功能的均衡發揮。但是在步入急遽的工業化社會之後，人際關係轉趨複雜、機械與疏離，而物質追求的不斷升高以及競爭的激烈化，使得滿足種種心理需要的個人儀式就發揮了它最大的功能。童乩個人儀式的繁複舉行，可以說就是像前文所說的功利主義之儀式行為，企圖藉巫術與超自然的儀式以謀求物質生活的進一步滿足與解決，而這一種趨向在傳統中國的宗教儀式中應該是不足為奇的。正如上節所說，傳統宗教是以超自然系統為主體，與道德倫理系統多少是分離的，因此在危機的時候，超自然儀式的更為強調，應該是可以理解的。

童乩的團體儀式中，很重要的一個項目就是「巡境」的儀式，每年兩次在村落保護神壽誕和升天的慶典時，童乩一定要「發作」起來（也就是進入精神恍惚狀態），然後伴隨著神轎沿著「管轄」區域的邊境巡境，並在境界的東西南北中五個方向插上五色的神旗，這也就是所謂俗稱的「五營旗」者。巡境主要的意思是在清掃驅逐境內的鬼魅，使之遠離境界，插旗的工作也就是在警告他們這是管轄的界線，不得越境來騷擾。因此在插旗之時，童乩要同時做法安符，以表示驅魔法術的發揮。每月初二、十六的例行「犒軍」儀式中，童乩仍要強調境界疆域的完整以及境界內的清潔純淨，這也可以從「童乩」做法時毀傷自己的身體以致流血的舉動得到支持。童乩毀傷流血的舉動，在外顯的意義上可以看做是神力附體，惟其內在的意義仍在「血」本身的象徵意義；血用來作「血符」（blood charm），其作為滌除不潔的鬼魅也是很重要的。總之，童乩舉行團體儀式時表現在肯定社群區域的界線，滌除內在的不潔有其重要的象徵意義，這也就是英國人類學家瑪麗・道格拉斯（Mary Douglas）所說的「社會衛生學的儀式」（ritual of social hygiene），也就是藉儀式的行為以消除人們心目中存在於社區的不潔與邪惡。

可是藉儀式以清除不潔，實際上也是童乩在為人治病時所舉行的個人儀式中所常見的。童乩的為人治病是現代醫學人類學上所謂的「社會文化治療」（socio-cultural therapy），因此其治療的對象並非著重於病理上的「疾病」（disease），而是著重於文化層次上的「患病」（illness）。童乩治療「患病」所採用手段以及他對「患病」的解釋，也很偏重於清除內在不潔的象徵手法。童乩治病時經常解釋某些超自然物的進入身體內或附著於身體上，它是主要病因，所以治療的主要方法就是把這些「異物」或「骯髒」之物滌除清淨。在做這種治療時，我們可以說他是把人體與社會體作類比（analogy），滌除身體內的不潔就像清掃社區內的鬼魅一樣，或者說驅除社區內的邪惡就如把不潔從身體內滌除一樣，如此則境界內或形體內得以保持清淨，這也就是健康之意。這種把身體與社區看成有界線的類比，同時又把超自然的鬼魅與實質的不潔相類比，並非童乩治病時所特有，許多民俗信仰中也常出現這種觀念，我們在前面談論污染時已有詳細說明。總之，童乩的個人儀式，在儀式象徵上所運用的原則與團體儀式所用者實際上是完全相同的，亦即在不同的境域之下，童乩的作法雖可用以發揮不同的功能，但在不同功能之下，其所運用的儀式象徵的內在原則卻是始終不變的。

七、新興宗教

再說另一種相對的流行儀式，也就是所謂「新興宗教」的現象。所謂「新興宗教」在宗教學上一般稱為「本土運動」(nativistic movement)、「復振運動」(Revitalization movement)或「千年福運動」(millennium movement)。這是指正統宗教中或者急遽變遷的社會中一些激烈甚至領袖慾特強的人，因為不滿原有的教義，或者不滿當時的社會情況，或因感於宗教受外力的壓迫而趨於衰微，並基於一種救世、終極關懷的信念，起而組織號召的新教派，並以追求新的極樂世界、完美天國樂園、理想烏托邦，以至於倫理道德的新境界為目標。

所謂「新興宗教」其實並不真正是「新」的，事實上在人類宗教發展的歷史上，數千年來一直不斷有這種所謂「復振教派」的出現。有些復振運動以巫術、幻覺為手段，經常受不了考驗，不久就歸於幻滅；但有些新興教派，因為理想目標合乎理性，且領導人物特具號召力，因此也就發展成正統宗教，例如釋迦牟尼的佛教以及馬丁路德的基督新教即是其中最著名的例子。但是很多新興宗教有時過分激烈，或者神祕性與巫術性太高，也就經常造成危害社會的行為，曾經在日本出現的「奧姆真理教」以及美國的「人民教堂」，即是其中最有名的例子。

當代的台灣，因為社會變遷十分快速，民眾的心理不易於適應突然的轉變，所以就出現許多各種型式的「新興宗教」。大致來說，台灣的新興宗教可以分為兩大類，一類是本土型的教派，也就是以傳統佛教、道教以及民間信仰為基礎，而行綜合併湊的「綜攝教派」(syncretism)；另一類則是外來型的教派。前者本土型新興教派，種類繁多，其中較著名的包括一貫道、天理教、天帝教、天德教、軒轅教、慈惠堂、佛仙真佛宗、禪空學會，甚至宋七力的教派，也都可算是「新興教派」的一種。外來型的新興宗教則包括早期傳入的統一教、愛的家庭、守望台等，近期更有喧騰一時的所謂「真道教」的「地球飛碟會」及「天國之門」等教派。這些外來的教派大致都受基督教的影響，因此經常有「天國降臨」、「世界末日」的理念，也就是與基督教的所謂「千年福運動」教義相關連，相信一段期間內天父將降臨世界以拯救人民，所以他們甚至鼓勵信徒集體自殺以迎接天國天父的來臨，於是難免引起社會的疑惑與騷動。

在台灣，各種新興教派的興衰極為頻繁，且其傳教手法都是很積極而深入社會，因此吸引許多信徒參與。然而這種積極的傳教態度，以及大規模的吸收群眾，不免引起正統宗教的憂心。許多正統宗教為了爭取信徒，恐懼信徒的流失，也有意無意的學習新興宗教的傳教手段，於是就出現了各種宗教爭取地盤，乃至激烈的版圖擴張之爭，所採用的手段就免不了有失宗教原有的本意了，這是當前台灣宗教界另一為人憂心的現象。

建議進階參考書

李亦園：《文化與修養》，台北：幼獅文化公司，一九九六。
李亦園：《宗教與神話論集》，台北：立緒文化公司，一九九八。
林本炫編譯，瞿海源校閱：《宗教與社會變遷》，台北：巨流圖書公司，一九九三。
瑪麗・費雪原著，尤淑雅譯：《二十一世紀宗教》，台北：貓頭鷹出版社，一九九九。

結語

這一系列書籍的出版就如在本書「作者序」中所說的，是源自於國家科學委員會舉辦高中學生人文社會研習營之所需，其目的雖是要幫助高中學生們更清楚了解大學裡人文學與社會科學各領域的內容，以便於進大學時較容易選擇科系。但是除此之外，系列書籍的編印也有更深層的意義，也就是要鼓勵青年學子對人文社會現象有更進一步的認識，以便在成為社會中正常的公民時對種種社會問題有更好的能力作理解與判斷。因此，本書書名《說文化，談宗教——人類學的觀點》雖有「人類學的觀點」這一副題，也並非真正要鼓勵讀者們都來就讀人類學這一科系，而是要在人類學研究的脈絡下為青年學生解說文化研究及宗教研究的寬廣視野，這種視野的開拓不僅使你了解自己的文化、自己的信仰，也可以認識別人的文化、別人的信仰，而且也可以使你本身更具有文化的涵養，更能在當前急速全球化的過程中成為具備全人類觀點的現代人。

在本書一開始討論文化的累積時，我們曾談到的一則故事，內容是野生的麥子被人類栽培成為家生麥子。野生的麥子在成熟時會自動掉落於地，並隨風飄散於各地，這種特性是在自然狀態下確實有利於麥種的繁殖。但是從另一角度來看，自從變成家生麥以後，成熟後麥穗就不會自動脫落，這才適於人類的收成。可是，對麥子本身而言，這就不適於自我繁殖了，完全依賴人類為它育種栽培，這種依賴人工的培育，就是「家生」的意思，也就是「文化」的意涵。人類脫離人猿共祖的階段以後，實際上也像野生麥子變為家生麥子一樣，脫離了自然的狀態，因為人類從這時候開始有了文化，一切都必須依賴文化，不再完全依生物的本性而發展了。不過人類與麥子不同，麥子有人類可以改良栽培它，人類則沒有另外的「主人」

做他的「褓母」（這也許是人類為什麼會產生希望有神來保佑他的下意識因素），人類只有文化，而文化又是他自己發明的，所以人類只有用自己發明的文化來培育教養自己，自己把自己教化起來，這也正是古代經典上所說的「人文化成」的意義。「觀乎人文，以化成天下」，其意義在鼓勵我們發揮人文素養，提升德道精神，發揚藝術精神與創造，進而以這些人文的成就，來教導我們自己，轉化世俗，使成為有文明而尊重人性的族群。

在現代的社會，人類以文化培育自己的意義，更不只是在上述長遠進化的整體意義，同時也有族群間相互比賽競爭的涵義。在當前世界裡，各個國家各個民族都在努力發展他們的文化，包括科技的文化、社群的文化，希望能因此出類拔萃成為優良而成功、超越別人的族群。其實這也還是像麥子一樣，同一種家生的小麥中，也還有品種不同的族群，哪一種最優秀、最適合人類的需要，哪一種就得以繁殖，其他的則依優勝劣敗的原則被淘汰了。在競爭激烈的情況下，我們人類的各個族群，也都需要努力栽培我們自己，用文化來教養培育自己，使成為優秀的一群，才能在這世界裡有立足的地位，才不會被淘汰出局，而成為失敗的族群。這就是我們要探討並發揮文化力量的主要原因，也是作者撰寫本書的內在動機。

從文化本身而言，我們自己擁有一個源遠流長而內涵極為豐富的文化傳統，在世界許多文化傳統中是極其特色的一支，其間值得欣賞、值得發揮的成分很多。但是一個長遠發展的文化傳統總不免有其包袱負擔，特別是面臨西方文化以強大的氣勢加諸全世界之時，整個局面都變了，這個時候我們必須有所適應，也應有所選擇，哪些文化特質是最有利於我們，哪一些是不利於我們競爭生存下去的，這是我們最應慎重從事之處。其實，比起別的民族來說，我們應該還算是幸運的，雖然在拋棄若干傳統文化之時曾受到痛苦、災難，但是無論如何我們文化傳統的庫藏仍然豐富，可供選擇適應的因素還是很多樣化。在未來的競爭中，我們雖然可選擇接受許多西方的文化特質，但是我們還有許多傳統的資料可供採擇而加以富麗。只有在現代西方的文化架構上，再加上我們自己特有的文化特質，才能不同於西方，才能有勝過西方的機會，不但勝過西方，甚而可彌補西方文化之不足，提供全人類未來共享的文化因素。

在討論宗教信仰方面，我們雖然以一般的宗教為理解的架構，但仍以我們自己的宗教現狀為例來說明比較為多，所以我們看到很明顯的宗教功利主義的趨勢。在台灣，宗教功利主義現象的出現，一方面固有其特殊的意義，那就是形成了經濟發展的初期推動力量，但是功利化現象的極端擴展，最終卻又導致種種宗教詐財糾紛事件不斷，以致於正信教派也跟隨著發生教徒地盤之爭的暗流，因而影響社會風氣至鉅。可是這種功利主義的宗教趨勢，對研究者來說，卻也是早有脈絡可循，那就是傳統中國式的「普化宗教」所致。而傳統「普化宗教」

的根源卻又與尋求對自然界和諧而不對立、尋求人際關係和諧等基本宇宙觀與價值觀有密切的關聯，這點也正是作者在有關〈文化的文法〉一節中提出的所謂「三層面和諧均衡觀」或「致中和」理論架構時深入論析的部分，讀者們如果能細加體會，就可以找出宗教與文化之間的一貫脈絡。我們可以在這一套文化脈絡中，一方面理解出傳統文化的缺陷，另一方面也可體會尋覓出傳統信仰態度中的優勢因素，譬如前文所提到的中國式宗教信仰所特有的寬容、包含而不排斥的人文精神，在今日宗教衝突不斷的世界裡，應該就是一種優勢的因素。把這種優勢的文化因素加以轉化為現代社會之所需，並用以彌補西方文化信仰中的缺陷，以成為新世紀進程中全人類共有的文化資源，正是人文社會科學研究者應負的終極關懷目標。

國家圖書館出版品預行編目資料

說文化，談宗教：人類學的觀點／李亦園作 --初版 --台北縣永和市：Airiti Press, 2010.04

面；公分

ISBN 978-986-6286-05-6 (平裝)

1.文化人類學 2.宗教人類學 3.宗教文化

541.3 99001632

說文化，談宗教：人類學的觀點

作者／李亦園
總編輯／張芸
責任編輯／古曉凌　呂環延
封面編輯／吳雅瑜
校對／卓伊芸
出版者／Airiti Press Inc.
台北縣永和市成功路一段 80 號 18 樓
電話：(02) 2926-6006
傳真：(02) 2231-7711
服務信箱：press@airiti.com
帳戶：華藝數位股份有限公司
銀行：國泰世華銀行　中和分行
帳號：045039022102
法律顧問／立暘法律事務所　歐宇倫律師
ISBN／978-986-6286-05-6
出版日期／2010 年 4 月初版（原書前由國立台灣大學所出版）
定價／新台幣 320 元